Microsoft NAV 2018 RapidStart

© New Earth Publishing – 2018

nep@newearthpublishing.de
www.newearthpublishing.de

Autor: Jörg Merk

Coverabbildung: lizenzfreie Abbildung
Coverdesign: Peter von Oppen, http://www.v-oppen.de

ISBN 978-3-945827-60-4
EAN 9783945827604

Die verwendeten Software Namen und Bezeichnungen sind überwiegend geschützte Begriffe und unterliegen als solche den Bestimmungen des Urheberrechtsschutzes.

Die Unternehmen, Markennamen, Produktbezeichnungen und Adressdaten in den hierin befindlichen Beispielen basieren auf Echtdaten von Kunden und Lieferanten und unterliegen dem Copyright der jeweiligen Firmen. Der Autor hat lediglich die Genehmigung, diese Daten im Rahmen dieser Schulungsunterlagen und dazugehörigen Übungsaufgaben zu verwenden. Für den Käufer der Unterlagen lassen sich keinerlei Rechte aus diesen Unterlagen ableiten, außer der Verwendung der Daten zu Übungszwecken.

Dieses Produkt ist urheberrechtlich geschützt. Ohne schriftliche Zustimmung des Verlages sind die Vervielfältigung, insbesondere das Fotokopieren, Verbreitung, Übersetzungen, Mikroverfilmungen oder die Einspeicherung und Bearbeitung in elektronischen Systemen nicht gestattet und strafbar (§ 106 UrhG).
Um in unseren Schulungsunterlagen den Lesefluss nicht zu stören, habe ich auf die geschlechterspezifische Anrede bewusst verzichtet. Wir bitten um Ihr Verständnis.

VORWORT:

Dieses Schulungshandbuch wurde geschrieben mit der Absicht, dem Anwender von Microsoft NAV RapidStart auf anschauliche Weise mit praxisnahen Übungen zu zeigen, wie mit Hilfe des Tools RapidStart in Microsoft NAV Daten importiert und exportiert werden können. Dabei werden kaufmännische und buchhalterische Kenntnisse vorausgesetzt.

Ziel ist es, einen Überblick über die wichtigsten Funktionen dieses Programms zu bekommen und einfache Anwendungen zu verstehen und selbst umzusetzen. Dabei geht es vor allem darum, zu verstehen, wie das Programm arbeitet und wie es nutzbringend einzusetzen ist. Es nicht nur darum, einen neuen Mandanten mit Grunddaten zu versorgen[1], sondern vor allem darum, zu lernen, wie ich im Tagesgeschäft beliebige Daten und Tabellen mit Hilfe von Rapidstart exportieren, in Microsoft Excel bearbeiten und anschließend wieder in Microsoft NAV importieren kann.

Eine Grundvoraussetzung für die Arbeit mit RapidStart ist das Verständnis dafür, dass Informationen, die am Bildschirm innerhalb einer Maske angezeigt werden, nicht zwingend alle in ein- und derselben Tabelle zu finden sind, sondern unter Umständen auf viele unterschiedliche Tabellen verteilt sind.

Dieses Schulungshandbuch zeigt Ihnen Schritt für Schritt, wie Sie in Microsoft Dynamics NAV ein Datenpaket erstellen und ausgeben können. Insbesondere werden Sie an ausgewählten Beispielen prüfen, was alles zusammen mit einem Datenpaket exportiert wird. Im Anschluss werden wir verschiedene Datenpakete in einen neuen Mandanten einlesen. Dabei werde ich an ausgewählten Beispielen mögliche Fehlermeldungen beim Import zeigen und erklären, wie diese Fehler behoben werden können.

Zusammen mit dem Export eines Datenpaketes werden die entsprechenden Datensätze der einzelnen Tabellen mit ausgelesen. Diese können in der Excel Tabelle bearbeitet und/oder um weitere Datensätze ergänzt und wieder eingelesen werden.

Darüber hinaus bekommen Sie vermittelt, welche Zusammenhänge zwischen einzelnen Tabellen bestehen und wie Sie zusammengehörige Tabellen automatisch ermitteln können.

Tipps und Tricks und ein Übungsteil mit Fragen zur Vertiefung und praktischen Übungen runden unser Handbuch ab.

Zielsetzung dieses Buches ist die einfache, praxisnahe Arbeit mit Microsoft NAV 2018 RapidStart im Standard. Für andere Microsoft NAV Programme, wie die Finanzbuchhaltung, sind eigene Schulungshandbücher geplant. Eine Übersicht über unsere aktuell verfügbaren Schulungsunterlagen finden Sie unter www.newearthpublishing.de, auf www.amazon.de oder unter www.schulbuch.website . Sie können alle unsere Buchtitel bequem bei Amazon oder im Buchhandel bestellen. Wenn Sie Interesse an Kopierlizenzen haben, wenden Sie sich bitte direkt an den Verlag.

Um den Schreib- und Lesefluss zu verbessern, werde ich im Folgenden nur noch Microsoft NAV sprechen, d.h. gemeint ist dann immer die Programmversion 2018.

Viel Spaß bei der Lektüre.

Jörg Merk

---

[1] Das macht in aller Regel der Ihre Firma betreuende Fachhandelspartner.

Historische Hintergrundinformationen zum Programm

Die Geschichte von Navision begann 1983 in Kopenhagen. Hier wurde das dänische Softwarehaus PC&C gegründet, das 1984 die Finanzbuchhaltungslösung PCPLUS veröffentlichte.
1987 erschien mit Navision 1.0 das erste Upgrade von PCPLUS. Der Unterschied zur vorangegangenen Version bestand darin, dass die Software nun als Client-Server-Anwendung auch über eine LAN-Verbindung betrieben werden konnte. In Dänemark wurde das Produkt häufig als IBM-Navigator oder Navigator bezeichnet, da die Software durch die Business Center der IBM vertrieben wurde.
Mit Navision 3.0 kam im Jahr 1990 der Nachfolger von Navision 1.0 auf den Markt. Mit dieser Version wurde die AL (application language) eingeführt, die auf der Entwicklungssprache PASCAL basiert. Nun war es möglich, umfangreiche Modifikationen an der Software vorzunehmen. Navision 3.0 war zur damaligen Zeit einzigartig. Zwei Jahre später, 1992, wurde PC&C in Navision Software A/S umbenannt.

1995 brachte Navision A/S in enger Zusammenarbeit mit Microsoft die erste ERP-Software mit dem Namen Navision Financials 1.0 auf den Markt. 2002 erschien die Version Navision Attain 3.10. In dieser Version wurde die Zusammenarbeit mit Geschäftskunden optimiert. Aus Navision wird Microsoft Navision.

Nach mehreren Jahren der erfolgreichen Kooperation wurde Navision Software A/S im Jahr 2002 von Microsoft übernommen und in den Unternehmensbereich Microsoft Business Solutions integriert. Die Navision-Anwendungen wurden unter den Bezeichnungen Microsoft Navision und Microsoft Axapta in das Produktportfolio integriert. Da Navision Software A/S hauptsächlich Software für kleine und mittelständische Unternehmen produzierte, rundete Microsoft sein Sortiment der Business Solutions nach unten hin ab. Der damalige Hauptsitz von Navision Software A/S in Vedbaek, Dänemark wurde zur EMEA-Zentrale (Europa, Mittlerer Osten und Afrika) von Microsoft Business Solutions.
Im Jahr 2005 änderte Microsoft den Produktnamen der Navision-Lösungen. Aus Axapta wurde Microsoft Dynamics AX und aus Microsoft Navision wurde Microsoft Dynamics NAV. Im März 2007 erschien Microsoft Dynamics NAV 5.0. Diese Version bot u.a. umfangreiche Business-Intelligence-Features und unterstützte auf Grundlage der Microsoft SharePoint-Technologie die Zusammenarbeit von Mitarbeitern, Kunden und Partnern.
Mit der Version Microsoft Dynamics NAV 2009 wurde erstmals neben dem Classic Client der sogenannte rollenbasierte Client (RTC) angeboten, mit dem der Anwender die Bedienung der Software gemäß seiner Rolle im Unternehmen ausrichten kann.
Microsoft Dynamics 2009 ist noch heute die Standard-Lösung in vielen mittelständischen Unternehmen. Sie eignet sich für Unternehmen mit 1 über 205 User. Betriebswirtschaftlich deckt Microsoft Dynamics NAV die Organisationseinheiten eines mittelständischen Unternehmens ab: Stammdatenverwaltung, Materialwirtschaft (Einkauf, Lager, Disposition, Bewertung), Verkauf (inkl. CRM, Marketing), Produktion, Service, Projektverwaltung, Ressourcenverwaltung, Personalwirtschaft, Finanz- und Rechnungswesen und Controlling.
Im Oktober 2012 veröffentliche Microsoft die Version Dynamics NAV 2013 mit zahlreichen Änderungen in der Datenbankstruktur. Mit Wegfall des Classic Clients wurde das rollenbasierte Arbeiten, welches bereits seit 2009 unterstützt wird, weiter forciert. Zu den entscheidenden Neuerungen zählte die Einführung des Web-Clients mit erweiterten Zugriffsmöglichkeiten.
Drei Jahre später, im Oktober 2015, erschien die nächste Version von Microsofts ERP-Software Dynamics NAV 2016. Mittlerweile gibt es die Version Microsoft NAV 2018, die von der grundlegenden Struktur aktuell mit NAV 365 auf identischer Basis weiterentwickelt werden soll.

Neu in der Version 2018 sind vor allem zahlreiche APIs, die einen direkten Zugriff auf Teile des Programms z.B. aus MS Excel heraus bieten. Dadurch wird es auch einfacher, Anpassungen und zusätzliche Funktionen zu erstellen, ohne unmittelbar den Quellcode des Programms zu verändern.

Inhaltsverzeichnis

Historische Hintergrundinformationen zum Programm	3
Inhaltsverzeichnis	4
Vorbereitende Arbeiten	5
Wichtige Neuerungen	6
Allgemeines zu Microsoft Dynamics NAV 2018	7
Der Rollen basierte Client	8
Kurzbefehle und Shortcuts	13
Anlage einer neuen Firma	15
RapidStart Services	18
Die Tabellenstruktur in NAV	24
Tabelleninformation aus der Ansicht heraus	25
Die Entwicklungsumgebung	27
RapidStart Paket erstellen	29
Konfigurationspaket erstellen	30
Konfigurationspakete importieren und prüfen	37
Ein Konfigurationspaket einlesen	37
Prüfung des Datenimports	40
Komplexere Konfigurationspakete	44
Debitoren exportieren	44
Debitoren einlesen	48
Fehler und Fehlerkorrektur	51
Manuelle Fehlerkorrektur	51
Fehler nach Tabellen prüfen	55
Datenpflege mit Hilfe von RapidStart	62
Schnelländerung per RapidStart	63
Import von Fremddaten	74
Artikel Mustervorlage erstellen	75
Konfigurationspaket für Artikel erstellen	80
Fremddaten in Excel Tabelle einpflegen	85
Fremddaten aufbereiten	91
Fremdartikel einlesen	97
Buchungen importieren	103
Konfigurationspaket Saldovortrag	103
Musterbuchungen erfassen	107
Saldenvortrag nach Excel exportieren	108
Saldenvorträge aus Fremdsystem ergänzen	113
Saldenvorträge importieren	114
Checkliste für den Buchungsimport	117
Tipps und Tricks	119
Der rollenbasierte Arbeitsplatz	119
Datensicherung	121
Übersicht verfügbarer Shortcuts	122
Partnerlösungen	126
DATEV-Schnittstelle	126
Professionelle Schulungen	129
Reporting in NAV	130
Fragen und Aufgaben	132
Glossar	135
Nachwort	137

Vorbereitende Arbeiten

Bevor Sie in Microsoft NAV 2018 mit dem RapidStart arbeiten, sind einige nützliche Vorarbeiten zu erledigen.

Erstellen Sie eine Checkliste mit den Unterlagen und Informationen, in welchen Bereichen Sie Daten importieren oder exportieren wollen. Legen Sie für Ihre Experimente mit dem RapidStart am besten einen neuen Mandanten an, damit Sie im Detail prüfen können, welche Daten eingelesen und/oder verändert wurden.

Mit welchen Programmteilen in Microsoft Dynamics NAV wollen Sie arbeiten?

Welche Daten wollen Sie importieren?

Welche Möglichkeiten haben Sie, die Daten im Anschluss zu prüfen?

Werden zu Microsoft NAV 2018 weitere Programme (z.B. Lohn, Partnerlösungen wie die DATEV-Schnittstelle von der Sievers-Group oder ähnliches.) eingesetzt?

Sollen externe Programme (z.B. DATEV) mit Daten versorgt werden? Wollen Sie Daten aus anderen Programmen importieren?

Wollen Sie einmalig Daten importieren oder regelmäßig?

Wie ist das Programm bei Ihnen installiert (Ein- oder Mehrplatz)?

 Wichtig

Wenn Sie mit Ihrem Mandanten unterschiedliche Importszenarien durchspielen wollen, empfehle ich Ihnen, zwischendurch mal eine Mandantensicherung zu machen. Es gibt keine Möglichkeit, einen durchgeführten Import automatisch rückgängig zu machen.

Installieren Sie vor Beginn Ihrer Arbeit mit Microsoft NAV 2018 alle verfügbaren Servicepacks. Erstellen Sie eine Datensicherung und richten Sie ein entsprechendes Verzeichnis zur regelmäßigen Sicherung ein. Dieses Verzeichnis sollte regelmäßig, am Besten täglich, auf ein externes Medium (z.B. CD, DVD, Bandlaufwerk) gesichert werden.

In dieser Schulungsunterlage arbeite ich mit Microsoft NAV 2018 mit einer Schulungspartnerlizenz, so dass alle verfügbaren Funktionalitäten vorhanden sind.

Wichtige Neuerungen

Die wichtigsten Neuerungen für 2018 habe ich vorab für Sie zusammengestellt.

Neu sind zahlreiche APIs mit der Möglichkeit, von externen Programmen und Apps direkt auf Daten in Microsoft NAV und Programmroutinen in NAV zuzugreifen. Weitere wichtige Änderungen im Überblick:

- Power BI bietet Ihnen die Möglichkeit, Abfragen, Reports und Auswertungen im Webclient zu veröffentlichen und direkt im Arbeitsplatz in Microsoft NAV im Startmenü zu integrieren. Zusätzlich ist es möglich, Power BI Berichte Kontext sensitiv anzuzeigen, z.B. beim Artikel, Kunden oder Lieferanten.

- Die Datenbankstruktur und die Entwicklungsumgebung für Microsoft NAV 2018 und Dynamics 365 wachsen zusammen, d.h. zukünftig gibt es nur noch eine gemeinsame Plattform.

- Die Outlookintegration ermöglicht es, direkt aus Outlook heraus auf die Kundendaten in Microsoft NAV zuzugreifen und die Informationen unmittelbar z.B. zur Beantwortung einer Kundenanfrage per Mail zu nutzen.

- Mehr als 800 APIs ermöglichen es, aus „Fremdanwendungen" direkt auf Daten aus Microsoft Dynamics NAV zuzugreifen.

- Über Microsoft Azure haben Sie Zugriff auf hochwertige Datenbanken, Analysetools und Entwicklungstools.

- Die neue Generation von Microsoft Dynamics NAV ist beliebig skalierbar und kann wahlweise lokal oder in der Cloud gehostet / gespeichert werden.

- Es gibt nur noch eine Kontakttabelle für alle Kontakte, ergänzt um eine MandantenID.

- Zukünftig sind von Microsoft für Dynamics NAV halbjährliche Updates geplant.

- Zukünftig ist es möglich, den Webclient anzupassen ohne dazu in den Entwicklermodus zu wechseln.

- Es gibt einen erweiterten OCR Service und einen Image Analyser.

Weitere, für die Arbeit mit Microsoft NAV 2018 wichtige Neuerungen, werde ich in den jeweiligen Kapiteln ausführlich erklären.

Für die Arbeit mit RapidStart sollten Sie sich zumindest soweit mit dem Programm vertraut machen, dass Sie in der Lage sind, ihren Datenaustausch und/oder Ihre Datenänderungen, die Sie mit Hilfe von RapidStart machen, zu kontrollieren.

Kapitel 1

Allgemeines zu Microsoft Dynamics NAV 2018

Vorab einige Informationen zur Bedienung des Programms, der Einrichtung der Grunddaten und zur Datensicherung.

Zum Start von Microsoft Dynamics NAV finden Sie im Startmenü den Eintrag Microsoft Dynamics NAV. Klicken Sie auf den entsprechenden Eintrag, um den NAV Client zu starten.

Alternativ klicken Sie doppelt auf das Microsoft Dynamics NAV Symbol auf Ihrem Desktop, um den NAV Client zu starten.

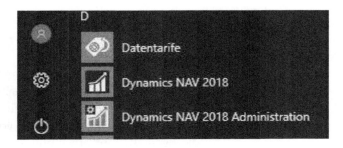

PROGRAMMICON MICROSOFT DYNAMICS NAV 2018 ODER AUFRUF ÜBER DAS STARTMENÜ. In der Regel erfolgt die Anmeldung in NAV unmittelbar mit dem Windows Benutzer. Alternativ kommt eine Maske zur Eingabe von Benutzer und Kennwort.

Für meine Schulungsunterlagen habe ich eine Installation auf einer HyperV von Microsoft gewählt. Dadurch habe ich eine vollkommen von meiner laufenden Arbeit getrennte Version und keinerlei Konflikte mit anderen Programmen, die einen Microsoft SQL-Server Nutzen. Alternativ können Sie auch eine andere virtuelle Maschine benutzen oder eine Standardinstallation auf Ihrem Rechner durchführen.

Im Betrieb wird Ihr EDV-Administrator diese Entscheidung in aller Regel für Sie treffen. ☺

Nach einer Neuinstallation von Microsoft Dynamics NAV 2018 finden Sie sich beim ersten Start des Programms in der folgenden Auswahl wieder:

ALLGEMEINES ZU MICROSOFT DYNAMICS NAV

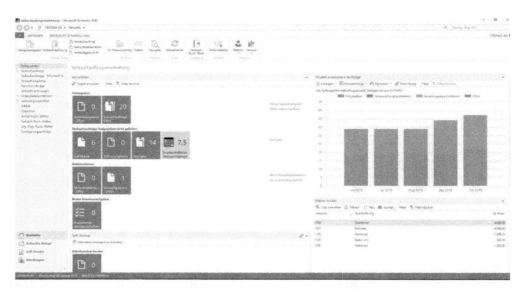

MICROSOFT DYNAMICS NAV STARTBILDSCHIRM. Nach dem erstmaligen Programmstart finden Sie sich im Rollencenter eines Verkäufers im Mandanten Cronus AG.

Der Mandant Cronus AG eignet sich gut dazu, sich zunächst mit den wichtigsten Programmeigenschaften und der Navigation im Programm vertraut zu machen.

📁 Wichtig

Die Cronus AG eignet sich allerdings nicht als Vorlage für einen eigenen Mandanten.

Der Rollen basierte Client

Das Konzept von Microsoft Dynamics NAV folgt der Aufgabe eines Mitarbeiters im Unternehmen, d.h. die Oberfläche des Clients richtet sich von der Struktur her an der Rolle eines Benutzers aus. Für die Einrichtung von Benutzern und Benutzerrechten gibt es ein Kontingent an vorgefertigten Rollen und Profilen, das als Basis für die eigene Rechteverwaltung herangezogen werden kann.

In gewissem Rahmen kann sich jeder Benutzer seinen Arbeitsplatz nach seinen eigenen Wünschen und Bedürfnissen anpassen und somit individuell gestalten. Aus diesem Grund ist es empfehlenswert, sich vorab ein wenig mit Navigation und einigen Grundlegenden Funktionalitäten und Begrifflichkeiten zu beschäftigen.

Zunächst einige Informationen zur Benutzerführung. Unter **Abteilungen** haben Sie eine gute Übersicht über die in Ihrem Profil verfügbaren Menüs und Programmpunkte. Alternativ können Sie jeden Programmpunkt über das Suchfenster aufrufen, gesetzt den Fall, Sie wissen, wie der jeweilige Punkt in Microsoft Dynamics NAV heißt. Aus diesem Grund empfehle ich Ihnen, vorab einmal in der Übungsfirma durch das Menü zu navigieren, um sich mit den Begrifflichkeiten des Programms vertraut zu machen.

So finden Sie beispielsweise im Programm weder den Begriff Kunden noch Lieferanten, sondern nur Debitoren und Kreditoren. Und für die Erfassung von Buchungen gibt es so genannte Fibu-Buchblätter. Aber jetzt erst einmal der Reihe nach.

DER ROLLEN BASIERTE CLIENT

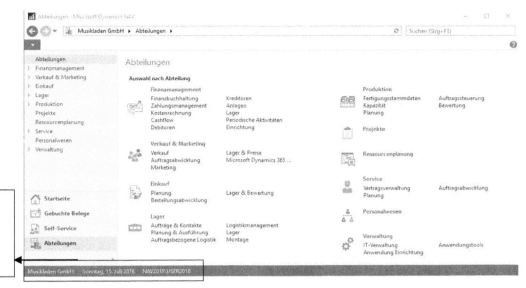

In der Fußzeile haben Sie von links nach rechts zunächst die aktive Firma, das Arbeitsdatum und den angemeldeten Benutzer.

ABTEILUNGEN. Hier finden Sie einen guten Überblick über die für Ihren Benutzer verfügbaren Programme.

Der Mandant ist die einzelne, rechtlich selbständige Firma. Achten Sie bei der Arbeit mit mehreren Mandanten unbedingt darauf, ob Sie in der richtigen Firma sind, bevor Sie anfangen, Daten zu erfassen.

📖 Praxistipp

In der Praxis hilfreich ist es, unterschiedliche Mandanten farblich zu markieren, um sich im Programm schneller und besser zurechtzufinden.

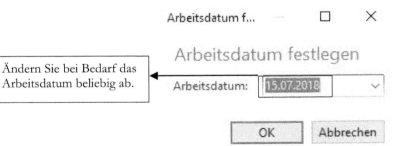

Wählen Sie hier den Mandant aus, den Sie bearbeiten wollen.

MANDANT AUSWÄHLEN. Hier wechseln Sie zwischen den einzelnen Firmen, z.B. von Ihrer Übungsfirma in die Cronus AG.

Ändern Sie bei Bedarf das Arbeitsdatum beliebig ab.

ARBEITSDATUM. Das Arbeitsdatum wird beim Programmstart automatisch mit dem Systemdatum vorbelegt. Sie können das Arbeitsdatum beliebig ändern.

Das Arbeitsdatum dient der Vorbelegung des Datumsfeldes bei der Datenerfassung. Wenn Sie z.B. auf den Monatsletzten nachträglich noch mehrere Buchungen erfassen wollen, kann es sinnvoll sein, das Arbeitsdatum entsprechend zu ändern.

© New Earth Publishing

DER ROLLEN BASIERTE CLIENT

Mit einem Mausklick auf den nach unten gerichteten Pfeil öffnen Sie ein Pulldown Menü.

Sie können das Programm wahlweise über diese Schaltfläche beenden, oben rechts im Fenster auf das **X** klicken, oder einfach die Tastenkombination **Alt+F4** verwenden.

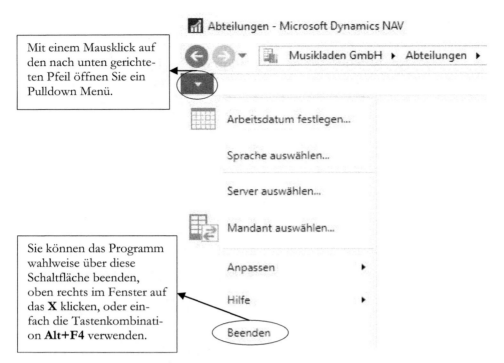

PULLDOWNMENÜ. Hier stehen Ihnen neben der Möglichkeit, das Arbeitsdatum oder den Mandant auszuwählen, weitere Funktionen zur Verfügung.

Optional können Sie für jeden Arbeitsplatz eine andere Sprache auswählen. Das gilt allerdings nur für die Menüs, nicht für die Inhalte. ☺

Optional können Sie hier auch den Server auswählen. In der Regel erhalten Sie die erforderlichen Informationen dafür von Ihrem Administrator. Mit einem weiteren Klick auf den Pfeil schließen Sie das Menü wieder. Klicken Sie im Navigationsbereich auf die rechte Maustaste und wählen Sie: Navigationsbereich anpassen.

NAVIGATIONSBEREICH. Mit Hilfe der rechten Maustaste gelangen Sie in die Auswahl, den Navigationsbereich anzupassen.

DER ROLLEN BASIERTE CLIENT

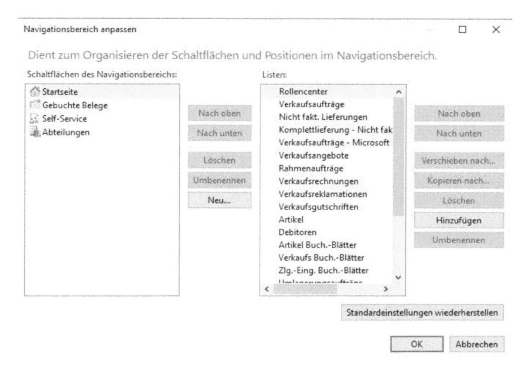

NAVIGATIONSBEREICH ANPASSEN. In diesem Bereich haben Sie die Möglichkeit, den Navigationsbereich Ihren Wünschen und Vorstellungen entsprechend anzupassen[2].

Ähnliches gilt für das Menüband, das sich bei Bedarf entsprechend reduzieren und/oder anpassen lässt.

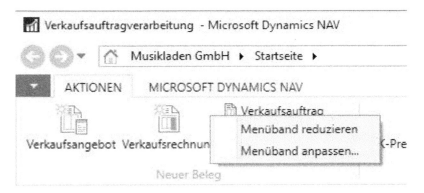

NAVIGATIONSBEREICH. Mit Hilfe der rechten Maustaste gelangen Sie in die Auswahl, den Navigationsbereich anzupassen.

Das Menüband unterteilt sich in verschiedene Registerkarten, unter anderem, wie hier abgebildet, Aktionen und Microsoft Dynamics NAV. Jede einzelne Registerkarte unterteilt sich wiederum in verschiedene Gruppen. Diese Gruppen enthalten ihrerseits Funktionen, die in Form von Symbolen aufgerufen werden.

Das Menüband ändert sich je nach Kontext, d.h. es ist jedem Untermenü separat anzupassen, weil jeweils unterschiedliche Funktionen zur Verfügung stehen.

---

[2] Im Zweifel übernimmt das gerne Ihr Fachhandelspartner für Sie.

DER ROLLEN BASIERTE CLIENT

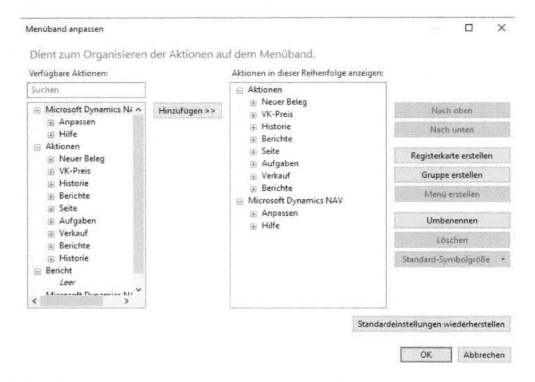

MENÜBAND ANPASSEN. Das Menüband lässt sich im Grunde genauso anpassen, wie der Navigationsbereich.

Bevor es im nächsten Kapitel darum geht, einen neuen Mandanten anzulegen, zunächst noch eine kurze Übersicht über hilfreiche Kurzbefehle und Shortcuts.

Kurzbefehle und Shortcuts

Neben der Bedienung mit der Maus, gibt es einige hilfreiche Funktionen und **Kurzbefehle**, die mit der Tastatur ausgeführt werden. Die wichtigsten werde ich vorab erläutern:

F1 mit drücken der F1-Taste kommen Sie immer in die Hilfe; im Menü aufgerufen landen Sie in der Hilfe zum jeweiligen Menü; aus einem Eingabefeld heraus aufgerufen finden Sie eine kontextbezogene Hilfe. Alternativ können Sie in der oberen Menüleiste des Programms auf das Fragezeichen klicken und ein Hilfethema auswählen.

Wenn Sie z.B. auf der Startseite die Alt-Taste drücken, werden verschiedene Buchstaben angezeigt, die für die Navigation genutzt werden können. Sie öffnen das entsprechende Menü.

Tabulator springt ein Feld weiter.

Shift (Umschalt) + Tabulator geht ein Feld zurück.

← oder → bewegt den Cursor ein Feld vor oder zurück

Pfeil nach oben geht eine Zeile hoch.

Pfeil nach unten geht eine Zeile nach unten.

Bild nach oben geht eine Seite nach oben.

Bild nach unten geht eine Seite nach unten.

Pos1 geht zum ersten Feld der ausgewählten Zeile

Ende geht zum letzten Feld der ausgewählten Zeile

ENTER bestätigt eine Eingabe und springt ein Feld weiter oder schließt eine Position ab.

F2 Bearbeiten

F3 Auswählen der Filtereingabe

F4 Dropdown oder Lookup für Auswahl

F5 Aktualisieren des aktiven Fensters

F6 Navigieren zum nächsten Bereich

F7 Anzeige der Statistik

F8 Kopieren/übernehmen des darüber liegenden Feldes

F9 Buchen

F10 Auswählen der Menüleiste und Anzeigen von Tastenkombinationen

F12 Auswählen des Navigationsbereichs

Eine umfangreichere Übersicht verfügbarer Tastenkombinationen und Kurzbefehle finden Sie am Ende dieses Schulungshandbuchs.

In Microsoft Dynamics NAV sind automatisch alle Windows Drucker verfügbar, die am Arbeitsplatz eingerichtet sind. Eine spezielle Einrichtung für das Programm ist nicht erforderlich.

Kapitel 2

Anlage einer neuen Firma

So richten Sie Ihre eigene Firma ein, mit allen für die Finanzbuchhaltung wichtigen Grundlagen.

Zur Neuanlage können Sie wahlweise einen neuen Mandanten anlegen und alle erforderlichen Daten, wie Kontenplan, Kontenschemata und die Umsatzsteuervoranmeldung manuell anlegen oder, sofern vorhanden, die benötigten Grunddaten per RapidStart[3] importieren.

Legen Sie sich bitte die Steuernummer und die Adressdaten der Firma bereit. Ferner müssen Sie wissen, welchen Kontenrahmen Sie verwenden möchten und ob Sie eine Einnahmen- Überschuss- Rechnung machen wollen, oder eine doppelte Buchführung mit Bilanz. Ich werde im Folgenden von einer doppelten Buchführung mit Sollverteuerung[4] ausgehen.

Wählen Sie im Menü unter **Abteilungen →Verwaltung → IT-Verwaltung → Allgemein → Listen →Mandanten** um eine neue Firma anzulegen oder geben Sie Mandanten im Suchfenster ein und wählen dann Mandanten und Neu, um eine neue Firma anlegen.

Wählen Sie neu, um einen neuen Mandanten (eine neue Firma) anzulegen.

Hier sehen Sie die bereits vorhandenen Firmen. Sie können im Programm beliebig viele Firmen anlegen, sofern lizensiert.

NEUE FIRMA ANLEGEN. Wählen Sie **Neu** um eine neue Firma anzulegen.

---

[3] RApidStart ist ein in Microsoft NAV enthaltenes Tool für den Import und Export von Daten. Dafür wird es in Kürze ein eigenes Schulungshandbuch geben.

[4] Sollversteuerung bedeutet, die Umsatzsteuer ist zum Zeitpunkt der Rechnungsstellung, also mit Rechnungsdatum, fällig, davon ausgehend, dass das Rechnungsdatum dem Lieferdatum entspricht.

Alternativ können Sie hier eine bestehende Firma kopieren.

Geben Sie unter Name und Anzeigename jeweils Musikladen GmbH ein.

Wählen Sie OK, um eine neue Firma anzulegen.

FIRMENNEUANLAGE. Achten Sie vor allem bei Netzwerkinstallationen darauf, dass Sie auf dem Server über die notwendigen Rechte verfügen, neue Ordner und Dateien anzulegen. Wählen Sie OK, um fortzufahren.

Im Microsoft Dynamics NAV ist die neue Firma sofort zu sehen. Die tatsächliche Einrichtung der Tabellen erfolgt erst, wenn Sie die neue Firma zum ersten Mal aufrufen. Das geht indem Sie links unten am Rand des Fensters auf den Namen des aktuell geöffneten Mandanten klicken, die neue Firma auswählen und mit OK bestätigen.

NEUEN MANDANT ÖFFNEN. Erst mit dem erstmaligen Öffnen der neuen Firma erfolgt vom Programm die Initialisierung.

Im nächsten Schritt zeige ich Ihnen, wie Sie mögliche Grunddaten per RapidStart[5] in den neuen Mandanten importieren können. Dabei werde ich allerdings nur die grundsätzliche Vorgehensweise erklären, um Ihnen zu demonstrieren, wie einfach das geht.

Wenn Sie jetzt in der neuen Firma Musikladen GmbH zunächst den Kontenplan aufrufen, werden Sie feststellen, dass nach der reinen Anlage des Mandanten der

---

[5] Für Microsoft Dynamics NAV RapidStart wird es in Kürze ein eigenes Schulungshandbuch geben.

DER ROLLEN BASIERTE CLIENT

Kontenplan noch leer ist. Um sich die manuelle Anlage der Konten zu ersparen, bietet sich ein Import an[6].

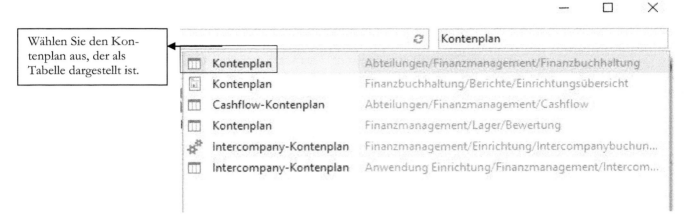

> Wählen Sie den Kontenplan aus, der als Tabelle dargestellt ist.

KONTENPLAN ÖFFNEN. Geben Sie im Suchfenster das Wort Kontenplan ein und öffnen Sie im Anschluss den Kontenplan.

Alternativ können Sie den Kontenplan auch über das Menü öffnen. Aber gerade in der Anfangsphase ist es einfacher, die einzelnen Menüpunkte über das Suchfenster auszuwählen. Dafür ist allerdings wichtig, sich den korrekten Sprachgebrauch des Programms anzueignen. Das kann mitunter gewöhnungsbedürftig sein. ☺

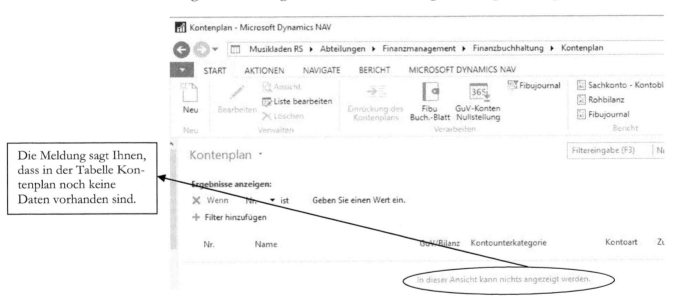

> Die Meldung sagt Ihnen, dass in der Tabelle Kontenplan noch keine Daten vorhanden sind.

KONTENPLAN. Aktuell sind im Kontenplan noch keine Daten vorhanden.

Sobald Sie mit Ihrem Steuerberater einig sind, welchen Kontenrahmen Sie nutzen wollen, können Sie damit anfangen, die für Ihre Arbeit in dem neuen Mandanten erforderlichen Daten wahlweise manuell zu erfassen oder mit RapidStart zu importieren.

---

[6] Schade finde ich an dieser Stelle, dass Microsoft im Standard in der deutschen Version aktuell keine vollständigen Kontenpläne SKR03 und SKR04 in Anlehnung an die DATEV mit ausliefert, so, wie es im Grunde in Deutschland bei der Auslieferung eines ERP-Systems „State of the Art", also Standard ist.

RapidStart Services

RapidStart Services ist ein Programmteil von Microsoft Dynamics NAV, das Sie beim Import und Export von Daten unterstützt.

Rufen Sie als Nächstes RapidStart Services auf, um die für unsere Installation erforderlichen Daten zu importieren[7]. Das setzt natürlich voraus, dass Sie nicht nur die Daten als Exceltabelle vorliegen haben, sondern auch das für den Import erforderliche RapidStart Paket mit der entsprechenden Dateibeschreibung.

RAPIDSTART SERVICES. Ein Tool für den Import und Export von Daten. Nicht nur zum einmaligen Einlesen sondern auch im Tagesgeschäft für Schnelländerungen oder die Ergänzung von Daten und Tabellen ganz hervorragend geeignet.

Im nächsten Schritt wählen Sie: **Konfigurationspakete**.

RapidStart Services

Listen
Konfigurationsfragebogen
Konfigurationsvorlagen
Konfigurationspakete

Aufgaben
Sachkonto Buch.-Blattzeilen erstellen
Debitoren Buch.-Blattzeilen erstellen
Kreditor Buch.-Blattzeilen erstellen
Artikel Buch.-Blattzeilen erstellen
Konfigurationsvorschlag

RAPIDSTART SERVICES. Wählen Sie Konfigurationspakete, um neue Datenpakte zu importieren.

Auf die Punkte Konfigurationsfragebogen und Konfigurationsvorlagen werde ich im Laufe dieser Schulungsunterlage noch im Detail eingehen. Vorab zeige ich Ihnen zur Motivation den Import bestehender Pakete für ein erstes Erfolgserlebnis.

Wählen Sie **Paket importieren**, um ein neues Pakte einzulesen.

---

[7] In der Regel macht das in Ihrem Haus der Administrator. Wenn Sie selbst über die notwendigen Rechte verfügen, empfehle ich Ihnen dringend, sich in RapidStart einzuarbeiten, denn das ist ein sehr mächtiges Tool, das auch im Tagesgeschäft gute Dienste leistet.

RAPIDSTART SERVICES

> Wenn noch kein Paket definiert wurde, besteht die Möglichkeit ein Paket zu importieren.

RAPIDSTART PAKET IMPORTIEREN. Im ersten Schritt wird ein RapidStart Paket importiert.

Nach dem Import steht das Paket in der Übersicht zur Verfügung und Sie haben die Möglichkeit die Daten zunächst zu prüfen, bevor Sie den Import starten.

📁 **Wichtig**

In der Praxis ist es sinnvoll, vor dem Import von Daten via RapidStart generell eine aktuelle Datensicherung anzulegen, damit Sie im Zweifelsfall auf den Stand vor dem Import zurückkommen. Bei Microsoft Dynamics NAV handelt es sich um ein Datenbanksystem, d.h. es gibt hier nicht die Möglichkeit, einen Arbeitsschritt automatisch rückgängig zu machen.

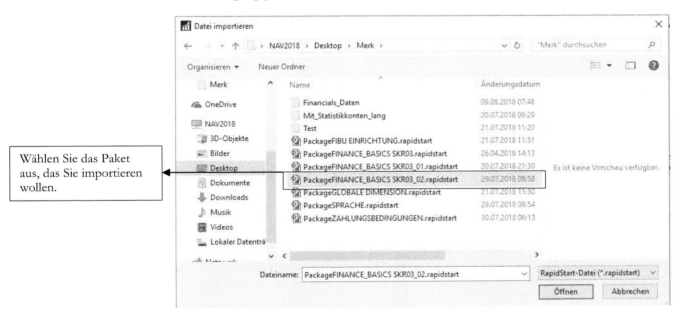

> Wählen Sie das Paket aus, das Sie importieren wollen.

RAPIDSTRAT ÜBERSICHT. So sieht bei mir die Übersicht nach dem Import aller verfügbaren Pakete aus.

Wenn Sie mehrere Pakte haben, müssen Sie diese einzeln importieren und später auch einzeln übernehmen. Nach dem Import eines Paketes können Sie dieses zunächst prüfen (in der Praxis sehr empfehlenswert) oder direkt importieren. Ich entscheide mich hier für den direkten Import, da es sich ohnehin noch um eine leere Datenbank handelt, die ich jederzeit wieder neu erzeugen kann[8].

---

[8] Sollten Sie mit einem Demosystem arbeiten, sei an dieser Stelle der Hinweis erlaubt, dass Sie maximal 2 Mandanten verwalten können. Sobald Sie einen dritten Mandanten anlegen, sperrt Sie das System ohne Vorwarnung aus. Einzige Möglichkeit dann: Spielen Sie eine gültige Lizenz ein und löschen Sie einen Mandanten.

RAPIDSTART SERVICES

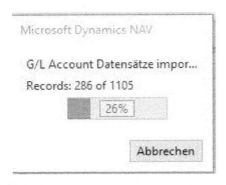

RAPIDSTART IMPORT. Es kann schon eine Weile dauern, bis das Programm alle Tabellen inkl. Datensätzen eingelesen hat, insbesondere bei größeren Datenbeständen.

Wenn Sie größere Datenbestände importieren wollen, wie z.B. Kunden, Lieferanten oder Buchungsdateien, planen Sie bitte entsprechende Zeitfenster ein. Idealer Weise testen Sie im laufenden Betrieb einen Import zunächst in einer Testdatenbank, damit Sie im Anschluss wissen, ob Sie den Import nicht besser abends oder am Wochenende laufen lassen, um den betrieblichen Ablauf nicht unnötig zu stören.

Nach dem Import können Sie das Paket überprüfen oder direkt übernehmen.

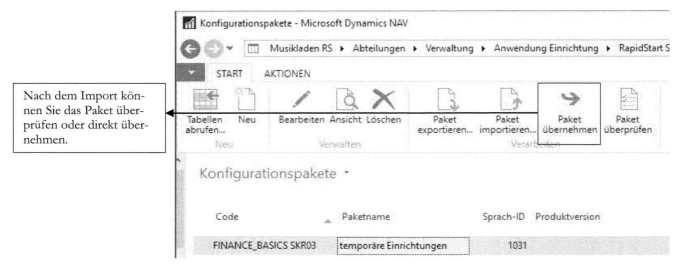

KONFIGURATIONSPAKET ÜBERNEHMEN. Wählen Sie **Paket übernehmen**, um die im Konfigurationspaket enthaltenen Tabellen und Werte in Ihren Mandanten zu übernehmen.

Zur Sicherheit kommt erst noch eine Abfrage. So haben Sie noch die Möglichkeit, zu prüfen, ob Sie das richtige Paket ausgewählt haben, bevor der Import startet.

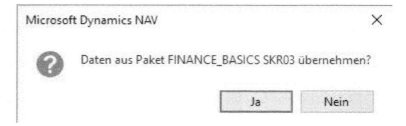

SICHERHEITSABFRAGE. Bestätigen Sie die Abfrage mit ja, um die Daten aus dem ausgewählten Paket zu übernehmen.

Nach der Übernahme bekommen Sie eine Meldung mit der Information, was für Daten verarbeitet wurden.

RAPIDSTART SERVICES

HINWEIS. Hier sehen Sie, wie viele Tabellen verarbeitet wurden und wie viele Fehler es dabei gegeben hat.

Mit einem Doppelklick lässt sich das importierte Paket öffnen, um zu prüfen, welche Fehler aktuell vorhanden sind. Beim Import mehrere zusammenhängender Pakete erledigen sich oft Fehler von selbst, wenn ein zweites Mal importiert wird und die verknüpften Datensätze dann vorhanden sind.

Wenn Sie bei den rot markierten Tabellen auf die Zahl unter Anzahl der Paketfehler klicken, werden die einzelnen Fehler angezeigt.

Klicken Sie jeweils auf die rote Zahl der Fehler, um die Details anzuzeigen.

PAKET FINANCE_BASICS SKR03 NACH IMPORT. Es gibt nach dem ersten Import noch einige Fehler. Wenn Sie die rote Zahl anklicken, werden die Fehler im Detail angezeigt.

Eine ausführliche Erläuterung mit Hinweisen zur Korrektur finden Sie im weiteren Verlauf dieses Schulungshandbuchs. Im nächsten Kapitel werde ich anfangen, mit Ihnen in der Cronus AG Schritt für Schritt eigene Datenpakete für den Export anzulegen, diese dann in einen neuen Mandanten zu importieren und zu prüfen.

Um Ihnen den Einstieg mit den Schulungsunterlagen zu erleichtern, habe ich ein neues RapidStart Paket erstellt, in dem alle wichtigen Tabellen für den Start mit der Buchhaltung in einem einzigen Paket enthalten sind[9]. Hier gibt es beim Import nur einen fehlerhaften Bereich: die MWST. in den MwSt. Abrechnungsvorlagen muss manuell angelegt werden. Einfach die Vorlagentabelle aufrufen, die MWST: anlegen und das Paket erneut importieren.

Sie können wieder wahlweise das Suchfenster benutzen oder durch das Menü navigieren.

---

[9] Beim Kauf einer Kopierlizenz liefere ich das Paket automatisch mit aus. Alternativ können Sie das RapidStart Paket für den SKR03 auf meiner Internetseite www.schulbuch.website bestellen.

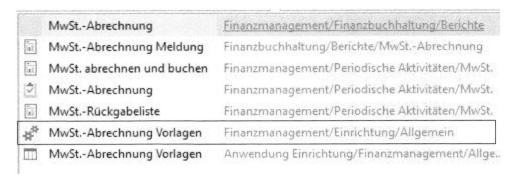

MWST.-ABRECHNUNG VORLAGEN. Öffnen Sie die MwSt.-Abrechnungsvorlagen.

Jetzt legen Sie die fehlende Vorlage einfach manuell neu an und speichern Sie den Datensatz.

Warum ich Ihnen das an dieser Stelle zeige? Um Ihnen klar zu machen, dass Sie in Regel auch bei fertigen Paketen nacharbeiten müssen.

NEUE VORLAGE ANLEGEN. Legen Sie eine neue Vorlage mit dem Namen MWST. an und ergänzen Sie die Beschreibung.

Im Anschluss wiederholen Sie den RapidStart Import (Paket übernehmen).

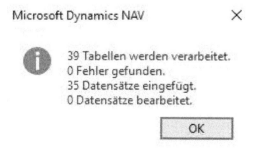

PAKET ÜBERNEHMEN. Bei der nochmaligen Übernahme werden jetzt 35 Datensätze eingefügt und es sind keine Fehler mehr vorhanden.

Mit diesem 2. Import wurde jetzt die Grundstruktur der UVA eingelesen. Allerdings müssen Sie beim echten Arbeiten mit diesem Mandanten im Nachgang noch mit dem Steuerberater die Zuordnung Ihrer verwendeten Buchungsgruppen zu den entsprechenden Positionen der UVA vornehmen. Das ist in der Regel eine sehr individuelle Geschichte, je nach Art Ihres Geschäftes. Ich werde später im Kapitel UVA noch kurz zeigen, wie diese Zuordnung in der Praxis funktioniert.

Nachdem Sie jetzt erlebt haben, wie einfach der Arbeit mit RapidStart sein kann, werde ich Ihnen dieses Modul jetzt Schritt für Schritt im Detail erklären und Ihnen dabei einen roten Faden an die Hand geben, wie Sie Ihre individuellen Pakete „schnüren" können.

☺ Testen Sie Ihr Wissen

Lernzielkontrolle:

1) Wo finden Sie das Programm RapidStart?

2) Wie können Sie ein RapidStart Paket in Microsoft Dynamics NAV einlesen?

3) Warum ist es sinnvoll, ein Datenpaket vor der Übernahme zu prüfen?

Praktische Übungen

Tastaturübungen

1) Legen Sie den Mandant Musikladen RS an.

2) Importieren Sie mein vorbereitetes RapidStart Paket.

3) Prüfen und übernehmen Sie die Daten.

4) Welche Fehler sind aufgetreten?

Kapitel 3

Die Tabellenstruktur in NAV

Wie Sie herausfinden, welche Daten in welcher Tabelle zu finden sind.

Einen Überblick über die Tabellenstruktur werde ich Ihnen an Hand einiger Beispiele im Mandant Cronus geben. Hier sind zahlreiche Tabellen mit Werten gefüllt und für das Verständnis von RapidStart ist der Inhalt der Tabellen zweitrangig.

Bitte wechseln Sie in den Mandanten Cronus. Ich zeige Ihnen hier jetzt verschiedene Wege, um sich anzeigen zu lassen, in welcher Tabelle die gewünschten Daten abgelegt (gespeichert) werden. Dazu werde ich zunächst mit einfachen Tabellen anfangen, die nur wenige Daten enthalten.

MANDANT WECHSELN. Wählen Sie die Cronus AG

Der einfachste Weg ist es, sich direkt in der geöffneten Tabelle die Information anzeigen zu lassen, wie die Tabelle heißt, die aktuell geöffnet ist. Hilfreich dabei ist es, sich die Tabellennummern zu notieren, da die Tabellenbezeichnungen in der Regel nur auf Englisch angezeigt werden.

Ich habe mir bei meiner Einarbeitung angewöhnt, immer eine Kurzdokumentation zu den einzelnen Schritten anzulegen. Dabei habe ich mit dem Snipping Tool von Windows die jeweiligen Maskenausschnitte ausgeschnitten, in ein Worddokument eingefügt und entsprechend beschriftet. Auf diese Weise fällt es Ihnen später leichter, die einzelnen Schritte nachzuvollziehen oder für Ihre Kollegen eine Kurzdokumentation zu erstellen.

Tabelleninformation aus der Ansicht heraus

Öffnen Sie zunächst die Tabelle Dimensionen unter **Abteilungen** → **Verwaltung** → **Anwendung Einrichtung** → **Finanzmanagement** → **Dimensionen**.

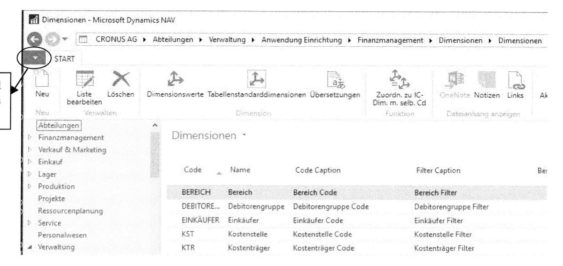

Klicken Sie auf den Pfeil nach unten, um das Menü zu öffnen.

DIMENSIONEN. Hier sehen Sie alle aktuell vorhandenen Dimensionen.

DIMENSIONEN – PULLDOWN MENÜ. Wählen Sie Hilfe und öffnen Sie das Untermenü.

Über diesen Weg können Sie auch das Arbeitsdatum festlegen, die Sprache auswählen und den Mandant wechseln.

DER SACHKONTENSTAMM

Wählen Sie Info zu dieser Seite.

HILFE. Die für uns wichtigen Informationen finden wir unter Info zu dieser Seite.

Uns interessiert an dieser Stelle die Information zu dieser Seite.

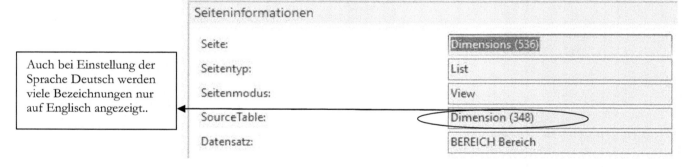

Auch bei Einstellung der Sprache Deutsch werden viele Bezeichnungen nur auf Englisch angezeigt..

SEITENINFORMATION. Wir benötigen den SourceTable, die Tabelle, in der die Dimensionen abgelegt sind.

Am Anfang der Seiteninformation finden Sie den Namen der Seite. Für den Export in RapidStart benötigen wir den Source Table, sprich die Nummer der Tabelle[10].

Der nächste Reiter zeigt die **Tabellenfelder**, die in der geöffneten Tabelle enthalten sind. Das sind oft mehr Felder, als in der Tabelle sichtbar. Nicht alle Tabellenfelder können für den Benutzer eingeblendet werden.

Unter **URLs** finden sich die Pfade zu den einzelnen Verzeichnissen. Diese Informationen sind in erster Linie für den Administrator und den Support wichtig.

---

[10] Um den roten Faden zu behalten, werde ich mich im ersten Schritt auf die wichtigsten Funktionen und Informationen beschränken.

DIE ENTWICKLUNGSUMGEBUNG

Die Entwicklungsumgebung

Sofern für Sie verfügbar, finden Sie auch in der Entwicklungsumgebung eine Übersicht über die einzelnen Tabellen.

AUFRUF ENTWICKLUNGSUMGEBUNG. Hier können Sie die Entwicklungsumgebung aufrufen, sofern Sie über die dazu erforderlichen Rechte verfügen[11].

Die Entwicklungsumgebung bietet eine Reihe zusätzlicher Informationen zu den einzelnen Tabellen.

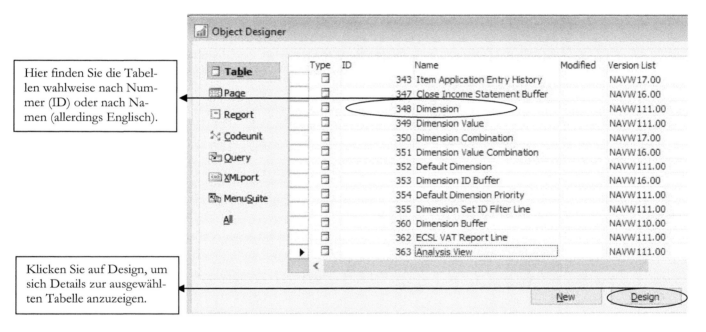

Hier finden Sie die Tabellen wahlweise nach Nummer (ID) oder nach Namen (allerdings Englisch).

Klicken Sie auf Design, um sich Details zur ausgewählten Tabelle anzuzeigen.

OBJECT DESIGNER. Hier finden Sie alle Tabellen in numerischer Reihenfolge. Dabei haben Sie zusätzliche Informationen, wie z.B. die Version der Tabelle und Ähnliches.

In der Regel finden Sie in unmittelbarer Nähe der Tabelle weitere, zugehörige Tabellen. In unserem Beispiel geht es um die Tabelle Dimensionen. In der Tabelle selbst sind nur die Bezeichnungen für die einzelnen Dimensionen abgelegt, wie z.B. Abteilung, Kostenträger….

Die zulässigen Werte zu den einzelnen Dimensionen finden Sie in der Tabelle Dimensionswerte (Dimension Value). Es bedarf einiger Übung und Einarbeitung, die Zusammenhänge zwischen den einzelnen Tabellen zu erfassen, vor allem, wenn Sie kein Entwickler sind, sondern reiner Anwender.

---

[11] Die Zugriffsrechte sind abhängig von Ihrer Lizenz und davon, welche Rechte Ihnen zugeteilt wurden. Bei Fragen wenden Sie sich bitte an Ihren Systemadministrator.

TABELLENINFORMATION AUS DER ANSICHT HERAUS

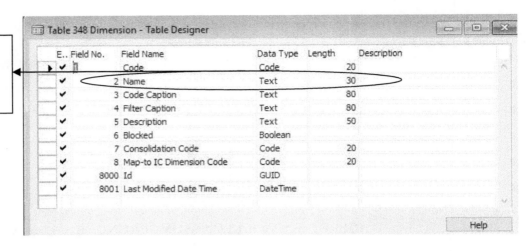

Wir ändern die Kontobezeichnung und tragen den Namen der Bank und die Kontonummer ein.

TABLE DESIGNER. Neben den einzelnen Tabellenfelder sehen Sie, um was für eine Art Feld es sich handelt, wie viele Zeichen maximal möglich sind und, sofern vorhanden, eine zusätzliche Beschreibung.

Im Table Designer finden Sie ab der ID 5000000 alle Tabellen die nur für die Version DACH (Deutschland, Österreich und Schweiz) verfügbar sind.

Danach kommen individuelle Tabellen von Fachhandelspartnern und Eigenentwicklungen[12].

Lernzielkontrolle:

☺ **Testen Sie Ihr Wissen**

1) Wo finden Sie die Information zu einer geöffneten Tabelle?

2) Welche ID hat die Tabelle Dimensionen?

3) Welche zusätzlichen Informationen zu einer Tabelle finden Sie in der Entwicklungsumgebung?

Praktische Übungen:

Tastaturübungen

1) Öffnen Sie den Kontenplan. Wie heißt diese Tabelle und wie lautet die ID?

2) Öffnen Sie die Tabelle Dimensionen in der Entwicklungsumgebung.

3) Wie viele Zeichen kann die Bezeichnung maximal haben?

---

[12] Wenn Sie als Entwickler mit Microsoft Dynamics NAV arbeiten, sollten Sie sich einen freien Nummernkreis suchen und alle Ihre eigenen Tabellen in diesem Kreis durchnummerieren. Bitte erstellen Sie dann auch eine entsprechende Dokumentation.

Kapitel 4

RapidStart Paket erstellen

Lernen Sie Schritt für Schritt, ein RapidStart Paket für den Datenexport zu erstellen.

Bevor wir unser erstes eigenes Paket für den Datenexport erstellen, gebe ich Ihnen einige Informationen zum Thema RapidStart. In erster Linie geht es dabei darum, welche Funktionen in der Praxis wirklich genutzt werden und auf welche Dinge Sie am Anfang getrost verzichten können.

Beim ersten Aufruf von RapidStart Services werden Sie nahezu erschlagen von einer Vielzahl neuer Begriffe und Informationen. Lassen Sie uns hier gleich einmal aussortieren, um Ihnen den Einstieg zu erleichtern. Geben Sie einfach RapidStart im Suchfenster ein und/oder wählen Sie **Abteilungen → Verwaltung → Anwendung Einrichtung → RapidStart Services**.

> Konfigurationspakete benötigen Sie für den Export und Import von Daten.

RapidStart Services

Listen
Konfigurationsfragebogen
Konfigurationsvorlagen
Konfigurationspakete

Aufgaben
Sachkonto Buch.-Blattzeilen erstellen
Debitoren Buch.-Blattzeilen erstellen
Kreditor Buch.-Blattzeilen erstellen
Artikel Buch.-Blattzeilen erstellen
Konfigurationsvorschlag

RAPIDSTART SERVICES. Übersicht über die einzelnen Menüpunkte.

Das einzige, was uns von all diesen Menüpunkten interessiert, sind die Konfigurationspakete. Die brauchen wir für den Import und den Export.

Mal unter uns, ich habe mit dutzenden von Supportern und Entwicklern gesprochen und habe keinen gefunden, der jemals mit einem Konfigurationsfragebogen oder einer Konfigurationsvorlage gearbeitet hat. In der Praxis werden Sie die Einrichtungstabellen immer mit dem Anwender gemeinsam ausfüllen.

Der Bereich Aufgaben ist in erster Linie für Simulationen interessant.

KONFIGURATIONSPAKET ERSTELLEN

Konfigurationspaket erstellen

Ein Konfigurationspaket ist eine Zusammenstellung von Tabellen und Datensätzen für den Export aus dem Programm und/oder den Import ins Programm.

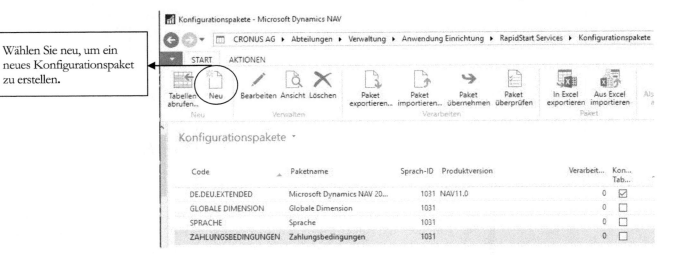

Wählen Sie neu, um ein neues Konfigurationspaket zu erstellen.

KONFIGURATIONSPAKETE. Hier sehen Sie einige Beispiele von Konfigurationspaketen im Mandant Cronus AG.

Die Ansicht kann von Installation zu Installation abweichen. Das spielt für unsere Schulungsunterlagen aber keine Rolle, da wir Schritt für Schritt eigene Pakete erstellen werden. Gerne können Sie die vorhandenen Pakete nutzen, um sich vorab mit dem Aufbau vertraut zu machen.

Neu: Mit dieser Funktion erstellen Sie ein neues Konfigurationspaket.

Bearbeiten: Öffnet das markierte Paket zur Bearbeitung. Sie können jetzt Tabellen ergänzen, Filter setzen....

Ansicht: Das markierte Paket wird nur im Ansichtsmodus geöffnet. Sie haben jetzt die Möglichkeit, zu prüfen, welche Tabellen und Daten im Paket enthalten sind.

Löschen: Das markierte Paket wird gelöscht. Vorab kommt noch eine Sicherheitsabfrage. Achtung: der Löschvorgang lässt sich nicht rückgängig machen. Im Zweifel vorab eine Datensicherung erstellen oder das Paket exportieren.

Paket exportieren: Sie exportieren ein Paket, d.h. ein oder mehrere Tabellen samt Inhalt[13] in einem für Microsoft Dynamics NAV lesbaren Format. Dieses Paket kann in einen beliebigen Mandanten importiert werden.

Paket importieren: Beim Import eines RapidStart Paketes werden die entsprechenden Tabelleninformationen und –strukturen eingelesen. Eine Verarbeitung erfolgt noch nicht. Sie können das Paket erst überprüfen und müssen Übernahme separat aufrufen.

---

[13] Bitte beachten Sie, dass beim Export eines RapidStart Paketes aus Microsoft Dynamics NAV auch immer Daten mit ausgegeben werden. Insbesondere ist darauf zu achten, dass nur entsprechend berechtigte Personen auf die Daten Zugriff haben.

KONFIGURATIONSPAKET ERSTELLEN

Paket überprüfen: Bevor Sie ein Paket übernehmen, bietet es sich an, es zu prüfen. Hierbei wird ein Import simuliert und Sie können an Hand möglicherweise auftretender Fehler feststellen, ob mit Problemen beim Import zu rechnen ist.

Paket übernehmen: Die im Paket enthaltenen Tabellen werden angelegt und im Anschluss die Daten aus dem Paket importiert.

In Excel exportieren: Sie können Daten nach Excel exportieren, z.B. den Aufbau einer Tabelle oder eines RapidStart Paketes.

Aus Excel importieren: Sie können mit Hilfe eines vorhandenen RapidStart Paketes z.B. in Excel geänderte Daten erneut einlesen.

Wir werden jetzt im Mandant Cronus AG ein ganz einfaches Paket für die Dimensionen und die dazugehörigen Dimensionswerte erstellen und exportieren. Im Anschluss werden wir dieses Paket in unseren neu angelegten Mandanten Musikladen RS importieren und das Ergebnis überprüfen.

Wählen Sie **Neu**, um ein neues Konfigurationspaket zu erstellen.

PAKETKARTE KONFIGURIEREN 1. Vergeben Sie einen beliebigen Code und einen Paketnamen, an Hand dessen Sie das Paket eindeutig identifizieren können.

In unserem Beispiel verwende ich Dimensionen für Code und Paketname. Im Feld Produktversion trage ich NAV 2018 ein. Bei Bedarf können Sie die Produktversion auch noch genauer spezifizieren. Die Produktversion ist vor allem dann hilfreich, wenn Sie mit unterschiedlichen Programmständen arbeiten. Wichtig ist vor allem die Sprach-ID. In unserem Beispiel die Nummer 1031 für Deutschland.

> Sobald Sie den Sprachcode auswendig kennen, können Sie die Ziffern direkt über den Ziffernblock eingeben.

PAKETKARTE KONFIGURIEREN 2. Ergänzen Sie die Sprach-ID.

Im nächsten Schritt wählen Sie die Tabellen (Objekte) aus, die Sie in diesem Konfigurationspaket haben wollen.

KONFIGURATIONSPAKET ERSTELLEN

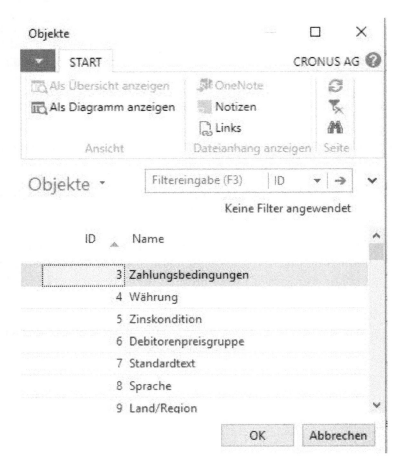

OBJEKTE. Sie können wahlweise nach Nummern oder Namen sortieren.

Wenn Sie die Tabellennummer im Vorfeld nicht wissen, nutzen Sie einfach den Filter für Ihre Suche.

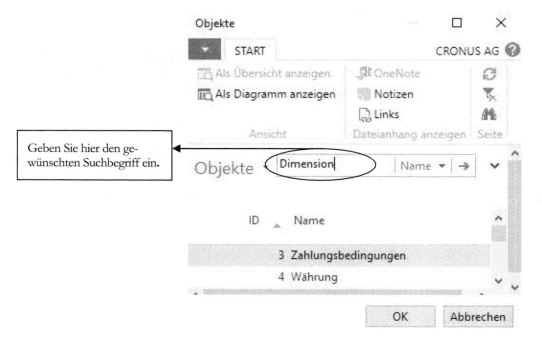

Geben Sie hier den gewünschten Suchbegriff ein.

OBJEKETE FILTERN. Wenn Sie nach Namen suchen wollen, achten Sie darauf, den Namen als Kriterium einzustellen, denn standardmäßig ist die ID vorbelegt.

KONFIGURATIONSPAKET ERSTELLEN

Paketkarte konfigurieren

Allgemein

Code:	DIMENSIONEN	Sprach-ID:	1(
Paketname:	Dimensionen	Verarbeitungsauftrag:	
Produktversion:	NAV 2018	Konfigurierte Tabellen ausschließen:	☐

Tabellen

Tabelle ▼ Funktionen ▼ Excel ▼ Suchen Filter Filter löschen

Tabelle...	Tabellenname	Überg... Tabel...	Datenvorlage	Tabellent... überspri...	Tab... vor...	Anzahl der Paketdate...	Anz. der verfügbar...	Anz. der eingeschl...
348	Dimension	0		☐	☐	0	10	10
349	Dimension Value	0		☐	☐	0	13	13

PAKETKARTE KONFIGURIEREN 3. Sinnvoll ist es, zur Tabelle Dimensionen auch gleich die Dimensionswerte zu ergänzen.

Rechts neben der jeweiligen Tabelle sehen Sie die Anzahl der in der Tabelle vorhandenen Felder. Klicken Sie auf die Zahl, um sich die Felder anzeigen zu lassen. Zu der Möglichkeit, Felder oder Datensätze einzuschränken kommen wir später. Jetzt geht es erst einmal um den Weg.

Paketkarte konfigurieren

Allgemein

Code:	DIMENSIONEN	Sprach-ID:	
Paketname:	Dimensionen	Verarbeitungsauftrag:	
Produktversion:	NAV 2018	Konfigurierte Tabellen ausschli	

Tabellen

Tabelle ▼ Funktionen ▼ Excel ▼ Suchen Filter Filter löschen

der hl...	Anzahl der zu prüfen...	Anzahl der Paketfehler	Anzahl der Datenbankdatensätze	Ge...	Seiten-ID	Bemerkungen
10	10	0	8	Nein	536	
13	13	0	36	Nein	560	

PAKETKARTE KONFIGURIEREN 4. Noch weiter rechts sehen Sie für jede Tabelle die Anzahl der Datenbankdatensätze, die beim Export mit ausgegeben werden.

Mit diesen beiden Tabellen ist unser erstes Konfigurationspaket fertig. Das Paket steht jetzt für einen Datenexport nach Excel und/oder einen Paketexport zur Verfügung.

Einen Export nach Excel wählen Sie, wenn Sie die Datensätze innerhalb der Tabelle bearbeiten oder ergänzen wollen. In diesem Fall werden die Daten dann in denselben Mandanten wieder eingelesen.

Dafür markieren Sie das Konfigurationspaket und wählen die Funktion: In Excel exportieren.

KONFIGURATIONSPAKET ERSTELLEN

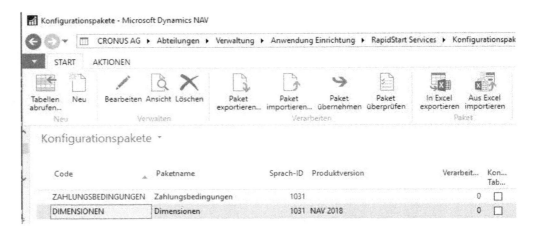

KONFIGURATIONSPAKETE. Markieren Sie das Paket, das Sie bearbeiten wollen.

Beim Export nach Excel wird in Excel eine Datei erzeugt, die für jede Tabelle in Ihrem Paket ein eigenes Tabellenblatt anlegt. Die Daten in den einzelnen Tabellenblättern können Sie jetzt bearbeiten und im Anschluss wieder ins Microsoft Dynamics NAV importieren (Daten aus Excel importieren).

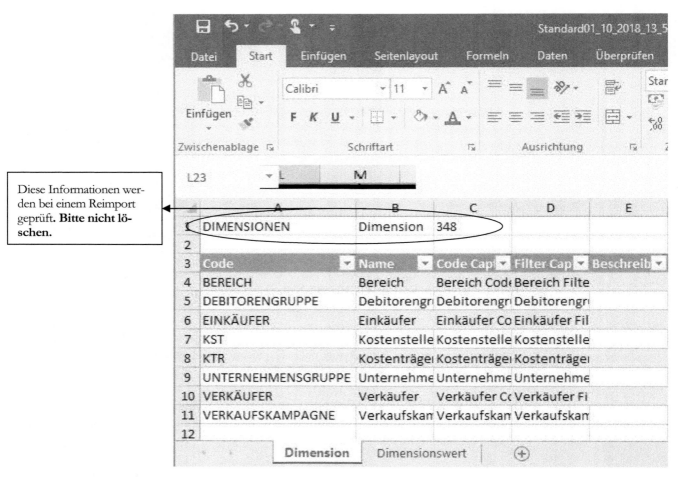

Diese Informationen werden bei einem Reimport geprüft. **Bitte nicht löschen.**

EXCELTABELLE. Unten sehen Sie den Namen der jeweiligen Tabelle als Beschriftung für das einzelne Tabellenblatt.

📂 **Wichtig**

Wenn Sie die Daten wieder importieren wollen, dürfen Sie weder die Informationen in Zeile 1 löschen, noch die Tabelle selbst verändern, sonst wird die Tabelle später

KONFIGURATIONSPAKET ERSTELLEN

beim Import nicht mehr erkannt. Dazu reicht es bereits aus, eine Überschrift zu ändern, z.B. Name1 statt Name.

Jetzt wollen wir unser Konfigurationspaket exportieren.

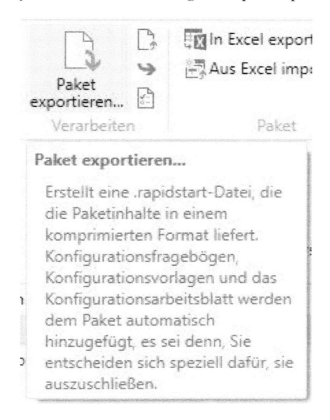

PAKET EXPORTIEREN. Bitte genau lesen: Beim Export werden Konfigurationsfragebögen und das Konfigurationsarbeitsblatt automatisch hinzugefügt.

Beim Export werden Sie gefragt, was Sie mit dieser Datei machen wollen. Am Besten speichern Sie die Datei in einem eigenen Verzeichnis auf das nur bestimmte Personen Zugriff haben. Hier gilt es, auf den Datenschutz zu achten[14].

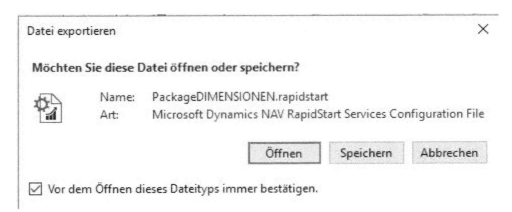

SICHERHEITSABFRAGE. Wählen Sie speichern und legen Sie dafür ein eigenes Verzeichnis an.

---

[14] Seit dem 25.05.2018 gilt die neue DSGVO. Die Anforderungen an den Datenschutz sind damit deutlich gestiegen. Bitte achten Sie deshalb darauf, wer alles in der Lage ist, auf Microsoft Dynamics NAV Daten nach MS Excel zu exportieren.

KONFIGURATIONSPAKET ERSTELLEN

Das Konfigurationspaket selbst kann nur mit Microsoft Dynamics NAV ausgelesen werden. Allerdings in einer beliebigen Instanz des Programms, d.h. auch in einer Schulversion.

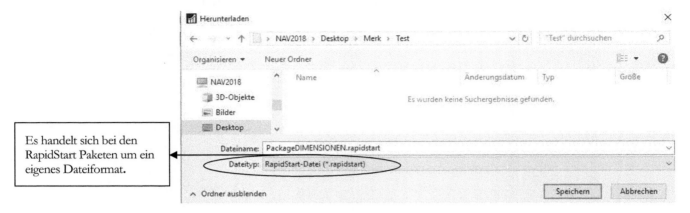

Es handelt sich bei den RapidStart Paketen um ein eigenes Dateiformat.

KONFIGURATIONSPAKET EXPORTIEREN. Optional können Sie einen neuen Dateinamen vergeben. Wichtig ist nur, dass Sie auf den ersten Blick sehen, welche Tabellen und Daten das Paket enthält.

Unser Konfigurationspaket steht jetzt für den Import in einen anderen Mandanten zur Verfügung.

Lernzielkontrolle

1) Was passiert beim Export nach Excel?

2) Was passiert, wenn Sie ein Konfigurationspaket exportieren?

3) Was ist bei der Überarbeitung von aus Microsoft Dynamics NAV nach Excel exportierten Daten zu beachten, wenn Sie die Daten im Anschluss wieder in NAV einlesen wollen?

Praktische Übungen

 Tastaturübungen

1) Legen Sie ein neues Konfigurationspaket Dimensionen an. Verwenden Sie die deutsche Sprach-ID und fügen Sie die Tabellen Dimensionen und Dimensionswerte hinzu.

2) Exportieren Sie die Daten nach Excel und prüfen Sie den Inhalt der Tabellen.

3) Exportieren Sie das Konfigurationspaket.

Kapitel 5

Konfigurationspakete importieren und prüfen

In diesem Kapitel lernen Sie den Import von Konfigurationspaketen kennen.

Für unseren Import werden wir auf unser gerade erstelltes Konfigurationspaket Dimensionen zurückgreifen. Als Zielmandant verwenden wir unseren neu angelegten Mandanten Musikladen RS, in den wir in Kapitel 2 exemplarisch einige Grunddaten eingelesen haben.

In diesem und den folgenden Kapiteln lernen Sie Schritt für Schritt, wie Sie Pakete einlesen, prüfen, übernehmen und mögliche Fehler korrigieren.

Wechseln Sie jetzt in den Mandanten Musikladen RS und rufen Sie RapidStart Services auf.

Ein Konfigurationspaket einlesen

Zur Erinnerung: den Mandanten wechseln Sie am schnellsten unten links mit einem Mausklick auf den Namen des Mandaten.

MANDANTENWECHSEL. Wählen Sie den Mandanten aus, in den Sie das gerade erstellte Konfigurationspaket einlesen wollen.

Nach dem Wechsel des Mandanten rufen Sie den RapidStart Service auf.

Im Echtbetrieb empfehle ich, an dieser Stelle zunächst eine Datensicherung zu erstellen.

EIN KONFIGURATIONSPAKET EINLESEN

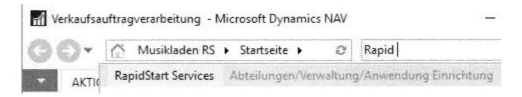

RAPIDSTART. Einfach Rapid im Suchfenster eingeben.

Klicken Sie auf den Menüpunkt Konfigurationspakete.

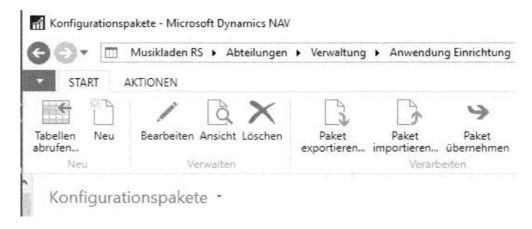

KONFIGURATIONSPAKETE. Wählen Sie Paket importieren.

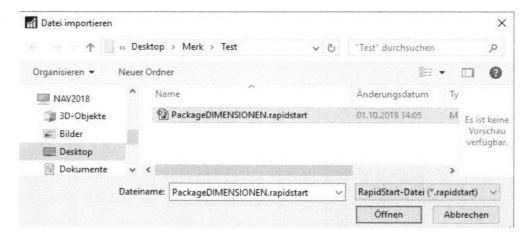

DATEI IMPORTIEREN. Wählen Sie das Konfigurationspaket aus, das Sie importieren wollen.

Kontrollieren Sie anschließend, ob das richtige Paket importiert wurde.

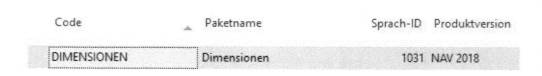

KONFIGURATIONSPAKETE 2. Nach dem Import wird unser Paket im Programm angezeigt.

EIN KONFIGURATIONSPAKET EINLESEN

Mit einem Doppelklick auf den Paketnamen öffnen Sie das Paket in der Übersicht. Jetzt sehen Sie, welche Tabellen im Paket enthalten sind und wie viele Datensätze die einzelnen Tabellen enthalten.

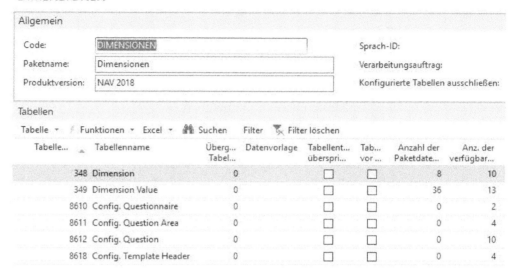

DIMENISONEN. Auf den ersten Blick fällt auf, dass dieses Paket deutlich mehr Tabellen enthält, als die beiden, die wir ursprünglich eingefügt haben.

Im Standard werden die zum Konfigurationsfragebogen gehörenden Tabellen, soweit noch nicht vorhanden, vom Programm automatisch angelegt[15]. Die Dateien fangen alle mit der Nummer 86 an.

PAKET PRÜFEN. Grundsätzlich empfehle ich Ihnen, das Paket zu prüfen, bevor Sie es übernehmen.

Insbesondere bei Paketen, die Sie nicht selbst erstellt haben, ist es ratsam, zunächst die Funktion Paket überprüfen aufzurufen. Hier werden in erster Linie Unstimmigkeiten zwischen den enthaltenen Tabellen und der Konfiguration geprüft.

---

[15] Das kann insbesondere dann zu Problemen führen, wenn Sie das Paket in eine andere Programmversion einlesen wollen. Ich werde Ihnen später noch zeigen, wie Sie das verhindern können.

EIN KONFIGURATIONSPAKET EINLESEN

SICHERHEITSABFRAGE. Beantworten Sie die Frage mit ja, um die Prüfung zu starten.

Nachdem die Überprüfung keinerlei Fehler gemeldet hat, können wir das Paket im nächsten Schritt übernehmen.

PAKET ÜBERNEHMEN. Bei der Übernahme werden die entsprechenden Tabellen angelegt und zugleich die im Paket enthaltenen Datensätze in die jeweiligen Tabellen geschrieben.

📂 **Wichtig**

Bevor Sie jetzt im Programm weiterarbeiten, ist es erforderlich, die importierten Tabellen zu prüfen. Bei größeren Aktionen sollten Sie diese Prüfung unbedingt schriftlich dokumentieren.

Prüfung des Datenimports

Die Prüfung beginnt damit, zu kontrollieren, ob es im Konfigurationspaket nach der Übernahme Fehlermeldungen gibt. Um die Tabellenübersicht bei den Screenshots besser darstellbar zu machen, füge ich zunächst bei den Spalten eine Fixierung ein, so, dass die beiden ersten Spalten, Tabellen-ID und Tabellenname beim weiterscrollen sichtbar bleiben.

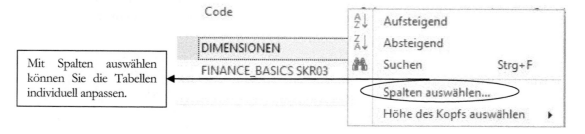

Mit Spalten auswählen können Sie die Tabellen individuell anpassen.

KONFIGURATIONSPAKETE. Mit Spalten auswählen können Sie auch an beliebiger Stelle eine Fixierung einfügen.

PRÜFUNG DES DATENIMPORTS

Allerdings machen wir das erst, nachdem wir unser Paket Dimensionen mit einem Doppelklick geöffnet haben. ☺

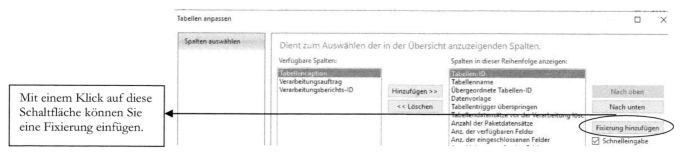

Mit einem Klick auf diese Schaltfläche können Sie eine Fixierung einfügen.

TABELLEN ANPASSEN. Neben weiteren Spalten können Sie auch an beliebiger Stelle eine Fixierung einfügen.

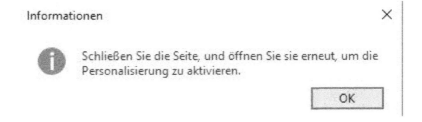

Sie können die Fixierung an jeder beliebigen Stelle platzieren. Das ermöglicht eine .individuelle Gestaltung.

FIXIERUNG EINFÜGEN. Mit einer Fixierung können Sie die Lesbarkeit umfangreicher Tabellen verbessern.

Eine Veränderung der Spalten und/oder das Einfügen einer Fixierung gilt immer nur für das aktuelle Benutzerprofil. Damit ist gewährleistet, dass jedes Rollenprofil individuell angepasst werden kann.

Zum Abschluss kommt noch der Hinweis, dass die Änderung erst nach einem Neuaufruf der Seite sichtbar ist.

HINWEIS. Beantworten Sie den Hinweis mit ja.

Jetzt können Sie die einzelnen Tabellen auf mögliche Fehler prüfen und kontrollieren, welche Datensätze eingefügt wurden.

PRÜFUNG DES DATENIMPORTS

DIMENSIONEN

Allgemein

Code:	DIMENSIONEN	Sprach-ID:	
Paketname:	Dimensionen	Verarbeitungsauftrag:	
Produktversion:	NAV 2018	Konfigurierte Tabellen	

Tabellen

Tabelle ▾ Funktionen ▾ Excel ▾ Suchen Filter Filter löschen

Tabelle...	Tabellenname	Anzahl der zu prüfen...	Anzahl der Paketfehler	Anzahl der Datenbankdatensätze	Ge...
348	Dimension	10	0	12	Nein
349	Dimension Value	13	0	66	Nein

> Wie Sie sehen, gibt es in unserm Beispiel keine Paketfehler.

DIMENSIONEN. Die erste Prüfung gilt den Paketfehlern. Hier würden Sie es sehen, wenn einzelne Tabelleninhalte nicht übernommen wurden.

Im nächsten Schritt können Sie auf die Anzahl der Datensätze klicken, um die Daten, die eingelesen wurden, anzuzeigen. Hier empfiehlt es sich insbesondere beim Import von Daten aus Fremdsystemen, zu prüfen, ob die Zeichen korrekt dargestellt werden und ob die angezeigten Daten auf den ersten Blick plausibel sind.

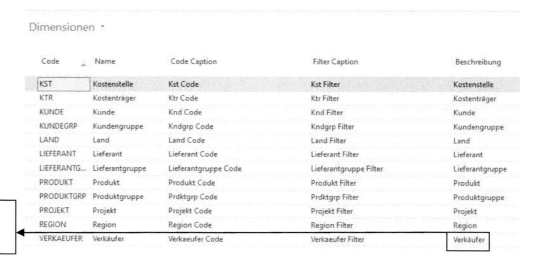

> Prüfen Sie z.B. ob Umlaute korrekt dargestellt werden.

DIMENSIONEN. Sieht auf den ersten Blick gut aus. Die Inhalte scheinen plausibel und die Sonderzeichen werden korrekt dargestellt.

Als nächstes prüfen wir die Tabelle Dimensionswerte.

Wenn Sie mehrere Tabellen auf einmal importieren, empfehle ich Ihnen, auch jede Tabelle einzeln zu prüfen. Es schleichen sich sehr schnell mal Fehler ein, die unter Umständen erst sehr viel später auffallen. Und dann ist der Korrekturaufwand unter Umständen sehr hoch.

📖 **Praxistipp**

Wenn Sie als Administrator Daten über RapidStart einlesen, lassen Sie die Fachabteilung im Anschluss die Daten prüfen. Meine Empfehlung: Lassen Sie sich schriftlich bestätigen, dass die Daten bei der Prüfung in Ordnung waren und dokumentieren Sie das.

PRÜFUNG DES DATENIMPORTS

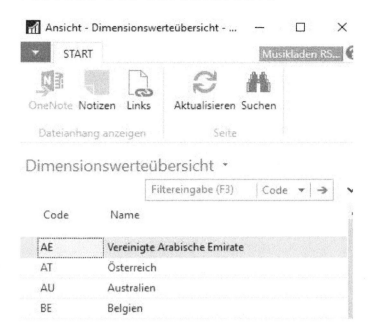

DIMENSIONSWERTE. Auch hier sieht das Ergebnis gut aus.

Lernzielkontrolle

☺ **Testen Sie Ihr Wissen**

1) Wie importieren Sie ein RapidStart Paket in Microsoft Dynamics NAV?

2) Warum sollten Sie das Paket zunächst überprüfen?

3) Was passiert bei Paket übernehmen?

4) Was versteht man unter einer Fixierung?

5) Wie fügen Sie eine Fixierung ein?

Praktische Übungen

Tastaturübungen

1) Importieren Sie unser neu erstelltes Konfigurationspaket in den Mandanten Musikladen RS.

2) Überprüfen Sie das Paket.

3) Übernehmen Sie das Paket.

4) Fügen Sie in der Tabellenübersicht Dimensionen eine Fixierung ein.

5) Kontrollieren Sie die Werte in den Tabellen.

Kapitel 6

Komplexere Konfigurationspakete

Lernen Sie, wie Sie Zusammengehörige Tabellen automatisch ergänzen und ohne Konfigurationsfragebogen importieren.

Spannend wird es in der Praxis, wenn Sie mehrere zusammenhängende Tabellen in einem Konfigurationspaket zusammenfassen wollen. Oft ist es für den Laien auf Anhieb nicht ersichtlich, welche Tabellen zusammengehören. Deshalb sind Sie an einigen Stellen in der Regel auf Hilfsmittel angewiesen, die Ihnen das Programm zur Verfügung stellt.

Um Ihnen die Thematik an einem praxisnahen Beispiel deutlich zu machen, erstellen wir diesmal ein Paket mit den Debitoren.

Hintergrund: Sie gründen eine weitere Firma, die für Ihre bestehenden Kunden Dienstleistungen anbietet, d.h. denselben Kundenstamm bedient.

Da es sich bei dieser Firma um eine rechtlich und steuerlich völlig eigenständige Firma handelt, haben Sie einen neuen Mandanten angelegt und wollen jetzt einen Teil der Daten, in unserem Beispiel nur die Debitoren, übernehmen.

Debitoren exportieren

Wir wechseln wieder in unseren Mandanten Cronus AG und starten den RapidStart Service. Wählen Sie neu, um ein neues Konfigurationspaket zu erstellen. Tragen Sie bei Codename und Paketname Debitoren ein.

PAKETKARTE KONFIGURIEREN. Erstellen Sie eine neue Paketkarte für Debitoren. Als Sprach-ID verwenden wir die 1031 für Deutschland.

Setzen Sie diesmal den Haken bei „konfigurierte Tabellen ausschließen". Tragen Sie bitte immer eine Produktversion ein. Das erleichtert später die Unterscheidung einzelner Konfigurationspakete.

DEBITOREN EXPORTIEREN

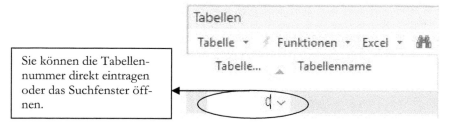

Sie können die Tabellennummer direkt eintragen oder das Suchfenster öffnen.

TABELLEN. Klicken Sie im Feld Tabelle auf den Pfeil nach unten, um das Suchfenster zu öffnen.

Jetzt geben Sie im Filter Debitor ein und ändern der Filterkriterium von ID auf Name, damit der Suchbegriff auch zu einem Ergebnis führt.

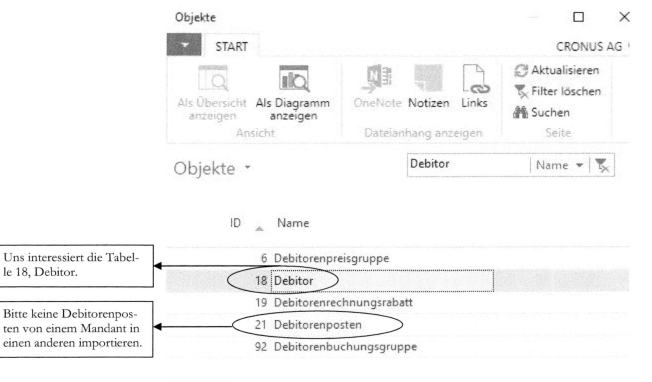

Uns interessiert die Tabelle 18, Debitor.

Bitte keine Debitorenposten von einem Mandant in einen anderen importieren.

OBJEKTE. Suchen Sie die Tabelle Debitor.

Sobald Sie die Tabelle auswählen und mit dem Cursor in die nächste Zeile wechseln, komm die folgende Abfrage:

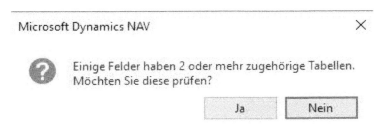

ABFRAGE. Beantworten Sie die Abfrage mit ja, um die dazugehörigen Tabellen mit zu übernehmen.

Mit Beantwortung der Frage mit ja werden die entsprechenden Tabellen angezeigt. Über die Spalte Verarbeitungsauftrag könnten Sie noch die Reihenfolge der Tabellen ändern.

DEBITOREN EXPORTIEREN

PAKETFLEDER KONFIGURIEREN. Prüfen Sie, ob und in welcher Reihenfolge Sie die angezeigten Felder übernehmen wollen. Bestätigen Sie mit OK.

Im nächsten Schritt wollen wir prüfen, welche weiteren Tabellen wir benötigen, die in den Debitoren Verwendung finden. Dazu wählen wir **Funktionen → zugehörige Tabellen abrufen** und prüfen die angebotenen Tabellen.

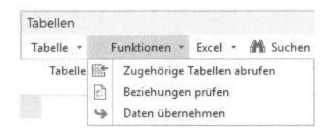

TABELLEN. Über zugehörige Tabellen abrufen prüft das Programm, welche Tabellen direkt mit der ausgewählten verknüpft sind.

Paketkarte konfigurieren

Allgemein

Code:	DEBITOREN	Sprach-ID:
Paketname:	Debitoren	Verarbeitungsauft
Produktversion:	NAV 2018	Konfigurierte Tab

Tabellen

Tabelle...	Tabellenname	Überg... Tabel...	Datenvorlage	Tabellent... überspri...	Tab... vor...	Anzahl der Paketdate...	Anz. der verfügbar...
3	Payment Terms	0	☐	☐		0	8
4	Currency	0	☐	☐		0	30
5	Finance Charge Terms	0	☐	☐		0	14
6	Customer Price Group	0	☐	☐		0	6
8	Language	0	☐	☐		0	3
9	Country/Region	0	☐	☐		0	9
10	Shipment Method	0	☐	☐		0	4
13	Salesperson/Purchaser	0	☐	☐		0	11
Customer		0	☐	☐		0	89
60	Document Sending Profile	0	☐	☐		0	14
92	Customer Posting Group	0	☐	☐		0	16

PAKETKARTE KONFIGURIEREN. Mit den zugehörigen Tabellen wird die Auswahl schon sehr viel komplexer.

© New Earth Publishing

DEBITOREN EXPORTIEREN

Prüfen Sie die vom Programm ergänzen Tabellen zumindest stichprobenartig. In der Praxis sollten Sie für solche Aktionen vorab ein Konzept erstellen.

Uns geht es hier rein um die Funktionalität des RapidStart Service. Dabei können Sie im Grunde beliebig viele Tabellen in einem Konfigurationspaket zusammenfassen.

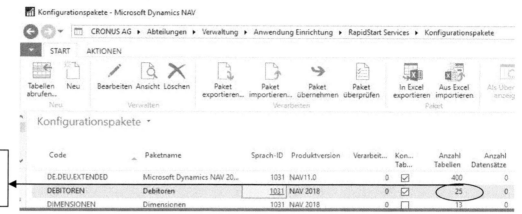

Inzwischen ist unser neues Paket auf 25 Tabellen angewachsen.

KONFIGURATIONSPAKETE. Unser neues Paket Debitoren in der Übersicht.

Jetzt können Sie das neue Paket Debitoren exportieren.

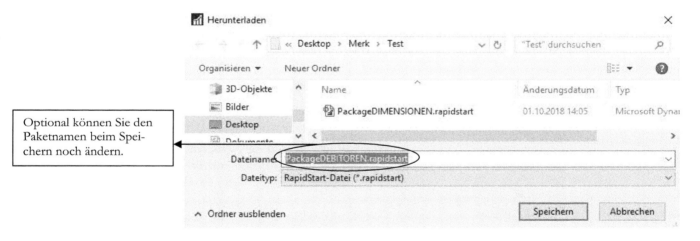

Optional können Sie den Paketnamen beim Speichern noch ändern.

PAKETEXPORT. Der Einfachheit halber speichern wir alle Pakete im selben Ordner.

Lernzielkontrolle

☺ Testen Sie Ihr Wissen

1) Wie können Sie in einem Konfigurationspaket automatisch zugehörige Tabellen ergänzen?

2) Warum sollten Sie keine Bewegungsdaten in einen anderen Mandanten übernehmen?

3) Wie viele Tabellen können Sie in einem Konfigurationspaket zusammenfassen?

Praktische Übungen

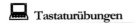 Tastaturübungen

1) Erstellen Sie ein neues Konfigurationspaket Debitoren.
2) Erweitern Sie das Paket um zugehörige Tabellen.
3) Exportieren Sie das Konfigurationspaket Debitoren.

Debitoren einlesen

Jetzt wechseln wir wieder in unseren neuen Mandanten Musikladen RS und lesen das neue Konfigurationspaket Debitoren ein und prüfen das Paket.

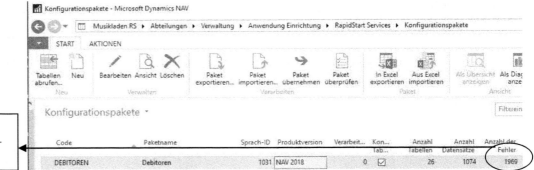

Nach Paket überprüfen werden 1969 Fehler angezeigt.

DEBITORENPAKET NACH PRÜFUNG. So sieht unser Debitorenpaket nach Import in unseren Mandanten Musikladen RS nach der Prüfung aus.

Da ich vorab eine Datensicherung erstellt habe, werde ich das Paket trotz der angezeigten Fehler übernehmen. Oft ändert sich die Fehlerzahl beim Import noch, vor allem, wenn ein Konfigurationspakt viele Tabellen enthält.

Es werden Fehler für unterschiedlichste Tabellen angezeigt.

FEHLERMELDUNGEN. In der jeweiligen Fehlermeldung wird genau beschrieben, was zu dieser Fehlermeldung führt.

DEBITOREN EXPORTIEREN

Die oben gezeigte Ausschnitt der Fehlermeldungen ist mittendrin herausgegriffen, um unterschiedliche Fehlermeldungen zu zeigen. Ich werde im nächsten Kapitel im Detail auf die einzelnen Fehlermeldungen eingehen.

Jetzt übernehmen wir das Paket erst einmal.

MELDUNG BEI ÜBERNAHME DES PAKETS. Die Meldung sagt uns, wie viele Tabellen verarbeitet wurden und wie viele Datensätze eingefügt wurden.

Wenn wir jetzt erneut einen Blick auf die Übersicht werfen, hat sich die Anzahl der Fehler auf ein ca. ein Drittel verringert. Von ursprünglich 1969 Fehlern sind nur noch 662 übrig. Dieser Unterschied ist darauf zurückzuführen, dass das Paket sehr viele Tabellen enthält und ein Teil der ursprünglichen Fehlermeldung durch den Import der entsprechenden Datensätze bereits gelöst wurde.

DEBITOREN. So sieht die Übersicht nach der Übernahme es Pakets aus.

📁 **Wichtig**

Das Problem bei der Übernahme eines Pakets ist, dass hier automatisch Tabellen im System angelegt werden und bereits Datensätze übernommen werden. Es gibt keine Möglichkeit, diesen Vorgang automatisch rückgängig zu machen. Deshalb bitte unbedingt vorher eine Datensicherung anlegen oder das Ganze in einem Testsystem ausprobieren[16].

Nach dem Import werden noch 662 Fehler angezeigt. Das ist eine echte Herausforderung. Im nächsten Kapitel geht es deshalb um das Thema Fehler beim Datenimport und Ihre Korrektur.

---

[16] Für die Praxis empfehle ich Ihnen generell parallel ein Testsystem aufzusetzen, z.B. auf einer Hyper-V oder einer anderen virtuellen Maschine.

Lernzielkontrolle

☺ Testen Sie Ihr Wissen

1) Wie können Sie in einem Konfigurationspaket automatisch zugehörige Tabellen ergänzen?

2) Warum sollten Sie keine Bewegungsdaten in einen anderen Mandanten übernehmen?

3) Wie viele Tabellen können Sie in einem Konfigurationspaket zusammenfassen?

Praktische Übungen

 Tastaturübungen

1) Erstellen Sie ein neues Konfigurationspaket Debitoren.

2) Erweitern Sie das Paket um zugehörige Tabellen.

3) Exportieren Sie das Konfigurationspaket Debitoren.

Kapitel 7

Fehler und Fehlerkorrektur

Lernen Sie Fehlermeldungen richtig zu lesen und verschiedene Möglichkeiten zur Fehlerkorrektur.

Bei unserem letzten Import von Debitoren hatten wir im Anschluss 662 Fehler. In diesem Kapitel zeige ich Ihnen, wie Sie die Fehlermeldung richtig lesen und wie Sie Fehler korrigieren können. Dabei gibt es unterschiedlichste Ansätze und in der Regel entscheiden Sie von Fall zu Fall, welche Möglichkeit der Korrektur am einfachsten und schnellsten zum Ziel führt.

📖 **Praxistipp**

Bei der Fehlerkorrektur gibt es keine feste Regel. Erlaubt ist, was schnell und effizient zur Korrektur der Fehler führt. Dabei ist das wichtigste Ziel, die Daten nicht zur verfälschen.

Eine Möglichkeit der Fehlerkorrektur ist die manuelle Nacharbeit. Das ist vor allem dann eine Option, wenn Sie keinen direkten Zugriff auf die ursprüngliche Datenquelle haben.

Manuelle Fehlerkorrektur

Bei der manuellen Korrektur gehen Sie die Fehlermeldungen systematisch durch und ergänzen fehlende Datensätze und/oder Tabellen.

Dabei ist wichtig, zu prüfen, ob das jeweils sinnvoll ist. Alternativ können Sie auch die Daten nach Excel exportieren und hier nacharbeiten. Diese Alternative zeige ich Ihnen im nächsten Kapitel.

Wir gehen jetzt die Fehlermeldungen im Einzelnen durch und ich erkläre Ihnen Schritt für Schritt, wie eine entsprechende Korrektur aussehen könnte. Bisweilen gibt es unterschiedliche Möglichkeiten, einen Fehler zu beheben. Im Zweifel stimmen Sie sich hier mit der jeweiligen Fachabteilung ab.

MANUELLE FEHLERKORREKTUR

PAKETFEHLER. Erweitern Sie zunächst die Spalte mit dem Fehlertext so weit, dass Sie die Fehlermeldung vollständig lesen können.

PAKETFEHLER. Die Fehlermeldung im Detail.

Die erste Fehlermeldung sagt folgendes:

Es gibt in der Tabelle Währung ein Feld mit der Bezeichnung Kursgewinn realisiert. Dieses Konto enthält den Eintrag (die Kontonummer) 2662. Dieses Konto wurde in der Tabelle Sachkonto (dem Kontenplan) nicht gefunden.

Für die manuelle Korrektur gibt es jetzt 2 denkbare Ansätze:

- Sie legen das fehlende Konto im Kontenplan an
- Sie ändern den Wert (die Kontonummer) in der Tabelle Währung auf ein gültiges Konto.

In unserem Beispiel werde ich das fehlende Konto im Kontenplan ergänzen. Wenn Sie nicht auswendig wissen, um was für ein Konto es sich genau handelt, wechseln Sie in den Mandanten Cronus AG und schauen einfach im Kontenplan nach.

Zur Kontrolle rufen wir den Kontenplan im Musikladen RS auf und geben die Kontonummer 2662 im Filter ein und suchen. Als Ergebnis bekommen wir die Information: In dieser Ansicht kann nichts angezeigt werden, sprich, das Konto ist nicht vorhanden.

MANUELLE FEHLERKORREKTUR

KONTENPLAN. Zunächst suchen Sie nach dem Konto.

Nachdem das Konto nicht vorhanden ist, wählen Sie neu und legen das Konto neu an. Die Werte haben Sie zuvor im Mandant Cronus AG nachgeprüft und notiert oder einen entsprechenden Screenshot gemacht.

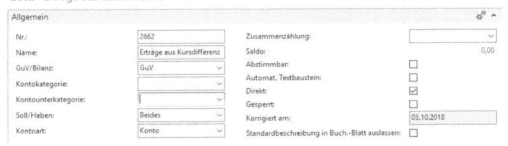

KONTENPLAN. Legen Sie das Konto Erträge aus Kursdifferenz an und speichern Sie den Datensatz mit OK.

Im Anschluss übernehmen Sie das Paket nochmals und prüfen erneut die Fehlermeldungen. Dabei werden Sie feststellen, dass Sie noch genauso viele Fehlermeldungen haben. Aber genauerem Hinsehen werden Sie feststellen, dass die erste Fehlermeldung diesmal eine andere ist.

Diesmal sucht das Programm nach dem Konto 2160, Aufwand oder Verlust aus Kursdifferenz.

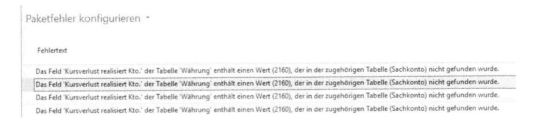

PAKETFEHLER KONFIGURIEREN. Diesmal kommt dieselbe Fehlermeldung, nur mit einer anderen Kontonummer.

Also wieder dasselbe Spiel. Wechsel in den Mandant Cronus AG. Kontenplan öffnen und die Details für das Konto 2160 notieren. Zurück in den Mandanten Musikladen RS, Konto anlegen.

MANUELLE FEHLERKORREKTUR

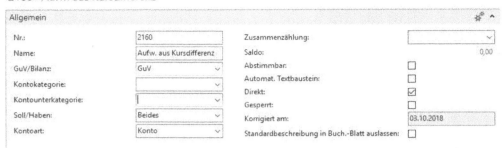

KONTENPLAN. Legen Sie das Konto 2160, Aufwand aus Kursdifferenz an.

Übernehmen Sie das Paket Debitoren erneut. Diesmal erhalten Sie eine Meldung mit dem Hinweis, es wurden 49 Datensätze verarbeitet.

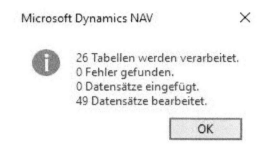

VERARBEITUNGSHINWEIS. Der Hinweis zeigt Ihnen, wie viele Tabellen und Datensätze bei der wiederholten Übernahme des Paketes bearbeitet wurden.

Wenn Sie sich jetzt das Paket in der Übersicht anschauen, hat sich die Zahl der Fehler immerhin schon auf 613 reduziert.

Aktuell sind noch 613 Fehler vorhanden.

KONFIGURATIONSPAKETE. In der Übersicht sehen Sie jetzt, wie viele Fehler aktuell noch vorhanden sind.

Und weiter geht es mit der nächsten Fehlermeldung.

Fehler nach Tabellen prüfen

Diesmal öffnen wir das Paket und prüfen, in welchen Tabellen noch Fehler auftreten. Das gibt einen detaillierteren Überblick und Sie können dann schneller entscheiden, wie Sie mit den Fehlern umgehen wollen.

Nachdem das Paket geöffnet ist, interessieren uns in erster Linie die rot markierten Tabellen, denn rot bedeutet: hier sind noch Fehler vorhanden.

Klicken Sie auf Filter, um einen Filter zu definieren.

TABELLEN. Nachdem Sie das Paket geöffnet haben, können Sie einen oder mehrere Filter definieren, um die Auswahl der Tabellen einzuschränken.

Da uns für die Korrektur nur noch fehlerhafte Tabellen interessieren, macht es Sinn, alle anderen Tabellen auszublenden.

In unserem Beispiel lege ich einen Filter an, der mir nur noch fehlerhafte Pakete anzeigt.

FILTER. Wählen Sie zunächst den Wert aus, den Sie einschränken (filtern) wollen. Danach legen Sie das Filterkriterium fest.

In unserem Beispiel wähle ich als Filter die Spalte „Anzahl der Paketfelder" mit der Eigenschaft, dass die Zahl der Fehler größer Null ist. Damit bleiben alle Tabellen übrig, die noch wenigstens einen Fehler enthalten.

MANUELLE FEHLERKORREKTUR

Tabelle...	Tabellenname	Anzahl der zu prüfenden Felder	Anzahl der Paketfehler	Anzahl der Datenbankdatensätze
18	Customer	88	68	68
92	Customer Posting Group	16	3	4
289	Payment Method	11	2	8
413	IC Partner	14	2	2
5050	Contact	46	537	537
5714	Responsibility Center	17	1	2

TABELLEN GEFILTERT. Jetzt sehen wir nur noch die fehlerhaften Tabellen.

In unserer ursprünglich gewählten Tabelle 18, Debitoren (Customer) sind noch 68 Fehler vorhanden.

Hier zum besseren Verständnis die anderen Tabellen auf Deutsch:

92 Debitorenbuchungsgruppe

289 Zahlungsform

413 IC-Partner (Intercompany Partner = verbundenes Unternehmen)

5050 Kontakt

5714 Zuständigkeitseinheitencode

Analysieren wir zunächst die Fehler in der Tabelle Debitoren.

> Paketfehler konfigurieren
>
> Fehlertext
>
> Das Feld 'Kst Code' der Tabelle 'Debitor' enthält einen Wert (VERKAUF), der in der zugehörigen Tabelle (Dimensionswert) nicht gefunden wurde.

PAKETFEHLER. Hier die nächste Fehlermeldung im Detail.

Die nächste Fehlermeldung sagt, dass das Feld Kostenstelle einen Wert Verkauf enthält, den es in der zugehörigen Tabelle Dimension nicht gibt.

Das ist leicht zu prüfen. Wir öffnen einfach die Dimensionen und prüfen für die Dimension Kostenstelle, ob hier der Dimensionswert Verkauf angelegt ist. Falls nicht, ergänzen wir den Wert.

MANUELLE FEHLERKORREKTUR

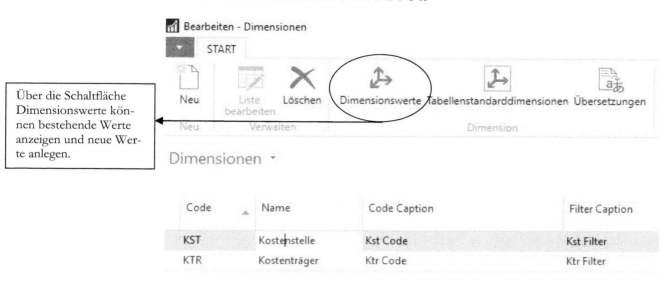

Über die Schaltfläche Dimensionswerte können bestehende Werte anzeigen und neue Werte anlegen.

DIMENSIONEN. Markieren Sie die Dimension KST (Kostenstelle). Anschließend klicken Sie auf Dimensionswerte.

Wie Sie gleich im nächsten Screenshot sehen, sind noch keine Dimensionswerte für die Dimension Kostenstelle angelegt.

Ergänzen Sie den gewünschten Dimensionswert.

DIMENSIONSWERTE. Hier sehen Sie alle für die ausgewählte Dimension angelegten Werte.

Ergänzen Sie den Wert Verkauf.

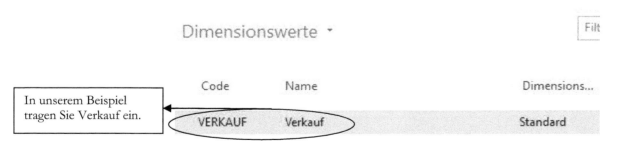

In unserem Beispiel tragen Sie Verkauf ein.

DIMENSIONSWERTE 2. Code und Name können identisch sein. Es sind aber auch unterschiedlichen Eingabe möglich.

MANUELLE FEHLERKORREKTUR

Sobald Sie in die nächste Zeile springen oder die Tabelle schließen, bekommen Sie den Hinweis, dass die Kostenstelle Verkauf in der Kostenrechnung aktualisiert wurde.

HINWEIS. Bitte bestätigen Sie den Hinweis mit OK, um den Vorgang abzuschließen.

Nach Ergänzung der Kostenstelle übernehmen wir das Paket erneut. Leider stellen wir bei der Zahl der Fehler keine Veränderung fest. Das heißt, es muss in der Tabelle Debitoren noch weitere Fehler geben.

Praxistipp

Das Problem an dieser Stelle ist, dass die Fehlerprüfung innerhalb einer Tabelle immer nur bis zum 1. Fehler in einem Datensatz läuft und die Prüfung dann an dieser Stelle abbricht. Es kann also passieren, dass Sie eine ganze Weile so weitermachen müssen, bis alle Fehler in einer Tabelle gefixt sind. Also bitte vor allem Geduld mitbringen.

Hier die nächste Fehlermeldung:

PAKETFEHLER. Die nächste Fehlermeldung betrifft die Tabelle Lagerort. Hier fehlt der Wert Gelb.

So kann das sehr lange weitergehen. Vermutlich fehlen auch noch andere Lagerorte, deshalb prüfe ich das gleich an dieser Stelle. Dann kann ich die fehlenden Werte alle auf einmal anlegen.

Dafür öffnen Sie unser Paket Debitoren, dann die Tabelle Debitoren und scrollen bis zum Lagerort (Location Code). Wenn Sie die Spalte durchscrollen, werden Sie feststellen, dass folgende Werte vorkommen:

- Gelb
- Blau
- Rot
- Grün
- Weiss

MANUELLE FEHLERKORREKTUR

Jetzt öffnen wir die Tabelle Lagerort und ergänzen die benötigten Lagerorte. Am einfachsten geht das wieder über die Suche.

Hier können Sie neue Lagerorte erfassen.

SUCHFENSTER. Geben Sie einfach Lagerort ein.

 Wichtig

Bitte beachten Sie, dass ich an dieser Stelle die fehlenden Datensätze nur rudimentär ergänze. Insbesondere bei den Lagerorten hängen in der Praxis wichtige zusätzliche Informationen dran. Hier die Details bitte immer mit der oder den jeweiligen Fachabteilung(en) klären[17].

Für unsere Zwecke reicht es aus, die Felder Code und Name zu füllen und mit OK zu bestätigen.

LAGERORT NEU. Legen Sie den Lagerort Gelb an.

Ergänzen Sie alle weiteren Lagerorte, die ich aufgelistet habe.

---

[17] Das Thema Lagerorte ist Bestandteil der Schulung für die Warenwirtschaft.

MANUELLE FEHLERKORREKTUR

LAGERORTE. Um es Ihnen leichter zu machen, hier eine Übersicht der Lagerorte, die Sie benötigen.

Jetzt können Sie das Konfigurationspaket erneut übernehmen und prüfen, ob sich die Zahl der Fehler verändert hat.

KONFIGURATIONSPAKETE. Übersicht nach der erneuten Übernahme.

Es wurde genau ein Datensatz verarbeitet. Wenn Sie jetzt wieder das Paket Debitoren öffnen, dann die Tabelle Debitoren und dass auf die Auswahl „Fehler anzeigen" gehen, kommt die folgende Fehlermeldung:

FEHLERMELDUNG. Kontakt wurde nicht gefunden.

In der Praxis verhält es sich ähnlich beim Export aus Fremdprogrammen. Aus diesem Grund ist es hilfreich, für eine Datenübernahme ein Konzept zu erstellen. Ich habe Ihnen jetzt exemplarisch gezeigt, wie Sie sich durch das Paket durcharbeiten können. Es gibt noch eine ganze Reihe von Fehlern, angefangen von fehlenden Währungen, über fehlende Kontakte bis hin zu fehlenden Zahlungsformen. Klären Sie im Zweifel mit der Fachabteilung, welche Informationen wirklich benötigt werden und löschen Sie den Rest.

MANUELLE FEHLERKORREKTUR

Beispiel: Wenn Sie nur die Buchhaltung in dem neuen Mandanten machen wollen, können Sie in der Regel auf die Kontakte verzichten. Alternativ könnten Sie die Kontakte in der Cronus AG ebenfalls exportieren und dann in die Musikladen RS importieren und übernehmen.

Da es sich hier bei der Aufgabenstellung nicht um eine Datenübernahme handelt, sondern um eine Grundschulung für RapidStart, breche ich an dieser Stelle ab und zeige Ihnen im nächsten Kapitel noch weitere Einsatzmöglichkeiten und Funktionen von RapidStart Services.

Lernzielkontrolle

☺ Testen Sie Ihr Wissen

1) Wie können Sie sich nach einer Paketübernahme in RapidStart die Fehler im Detail anzeigen lassen?

2) Wie können Sie beim Import größerer Pakete einen Filter für die Anzeige der fehlerhaften Tabellen setzen?

3) Warum kann die Fehlerkorrektur mehr Zeit in Anspruch nehmen, als im ersten Augenblick zu vermuten?

Praktische Übungen

 Tastaturübungen

1) Übernehmen Sie das Konfigurationspaket Debitoren und beginnen Sie mit der Fehlerkorrektur.

2) Übernehmen Sie das Paket erneut und prüfen Sie Ihren Fortschritt.

3) Lassen Sie sich nur die fehlerhaften Tabellen anzeigen.

4) Bearbeiten Sie die nächste Fehlermeldung.

Kapitel 8

Datenpflege mit Hilfe von RapidStart

Zur Datenpflege und für Schnelländerungen ist RapidStart ein sehr gutes Hilfsmittel.

Für eine Schnelländerung von Daten und/oder einen Datenimport macht es Sinn, sich ein Konfigurationspaket zu erstellen, das nur wenige Tabellenfelder beinhaltet. Bei Änderungen reicht es, sich auf Schlüsselfelder und Änderungsfelder zu beschränken.

Mit wenigen Feldern sind die einzelnen Tabellen deutlich übersichtlicher. Gerade bei größeren Datenbeständen gilt darüber hinaus: je weniger Felder in einer Tabelle eingelesen werden, desto schneller ist der Import fertig.

Insbesondere bei einer Datenübernahme aus einem Fremdsystem sind sehr häufig im Anschluss zahlreiche Nacharbeiten erforderlich. Das liegt vor allem daran, dass jedes Programm eine eigene Logik hat und viele Felder unterschiedlich benannt sind und teilweise unterschiedliche Schlüssel verwendet werden, z.B. für die Umsatzsteuer. Hier sind dann häufig Zuordnungstabellen erforderlich oder man erledigt die Änderung in MS Excel manuell.

DAS ELSTER-VERFAHREN

Schnelländerung per RapidStart

Im folgenden Beispiel gehe ich von der Annahme aus, dass wir in den Debitoren überall den Lagerort Gelb haben wollen. Um vorab zu prüfen, wie viele Debitoren bei unserem Import bislang übernommen wurden, rufen wir zunächst die Debitoren auf. Dabei kommt es mit meinen Beispieldaten zu folgender Fehlermeldung:

Fehler: 'Buchhaltungsperiode' ist nicht vorhanden. = < >

Identifizierende Felder und Werte:

Startdatum='10.10.18'.

FEHLERMELDUNG. Buchhaltungsperiode ist nicht vorhanden.

Ohne eine gültige Buchhaltungsperiode können Sie den Debitorenstamm nicht öffnen. Deshalb legen wir zunächst für die Monate Oktober bis Dezember 2018 gültige Buchhaltungsperioden an.

Geben Sie im Suchfeld Periode ein und wählen Sie **Abteilungen → Finanzmanagement → Einrichtung → Buchhaltungsperioden** aus.

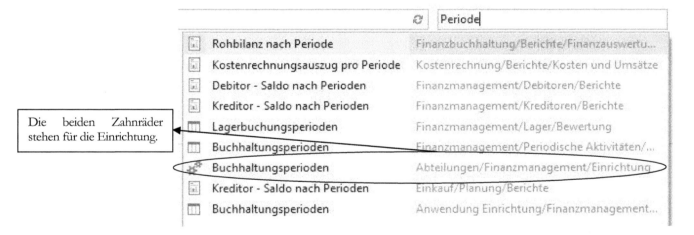

Die beiden Zahnräder stehen für die Einrichtung.

BUCHHALTUNGSPERIODEN. Öffnen Sie die Einrichtung der Buchhaltungsperioden.

Je nach Art der Lizenz können Sie gleich ein ganzes Jahr erstellen oder nur 2-3 Perioden erfassen.

DAS ELSTERVERFAHREN

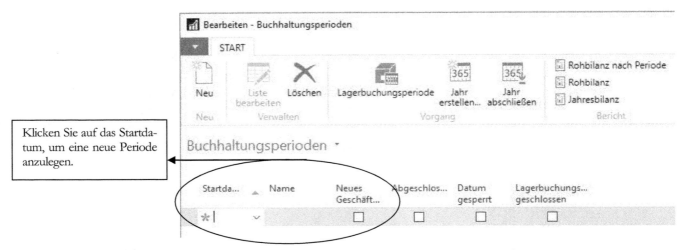

Klicken Sie auf das Startdatum, um eine neue Periode anzulegen.

BUCHHALTUNGSPERIODEN. Wie Sie in der Übersicht sehen, sind aktuell noch keine Buchhaltungsperioden vorhanden.

Ich gehe mal von einer Demolizenz aus und beginne mit dem Oktober 2018. Diesen verwende ich dann als Geschäftsjahresbeginn. Dann lege ich noch November und Dezember an. Im Zweifel müssen Sie sich auf Oktober und November beschränken.

Wenn Sie in Ihrem Mandanten bereits passenden Buchungsperioden angelegt haben, überspringen Sie diesen Schritt einfach.

Legen Sie hier je nach Lizenz die gewünschten Perioden an.

BUCHHALTUNGSPERIODEN. In meinem Beispiel lege ich 3 Perioden an. Wichtig ist, die erste Periode mit Neues Geschäftsjahr zu markieren.

Wenn Sie jetzt erneut die Debitoren öffnen, sehen Sie, dass der Import bislang nur sehr rudimentäre Daten eingelesen hat. Hier wäre also noch einiges nachzuarbeiten, d.h. es müssten wirklich alle Fehler bereinigt werden. In der Praxis ist so eine extreme Konstellation eher unwahrscheinlich, weil Sie bei der Anlage mehrerer Mandanten in aller Regel auch die Grunddaten übernehmen würden.

DAS ELSTERVERFAHREN

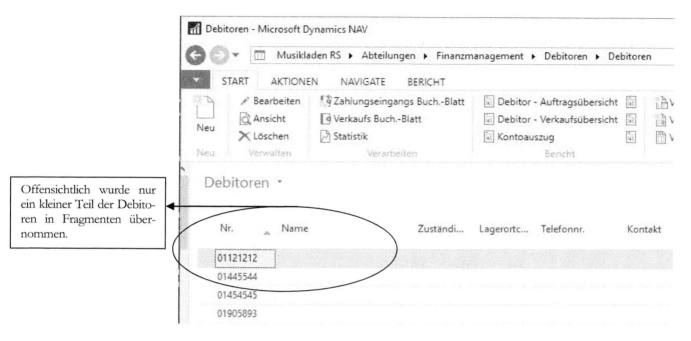

> Offensichtlich wurde nur ein kleiner Teil der Debitoren in Fragmenten übernommen.

DEBITOREN. Unsere Datenübernahme konnte bis zu diesem Punkt noch keine wirklich guten Daten liefern.

Ich habe dieses Beispiel ganz bewusst gewählt, um Sie dafür zu sensibilisieren, nicht einfach irgendwelche Daten einzulesen. Beim Import von Daten und bei Schnelländerungen ist mitdenken angesagt, eine sorgfältige Vorbereitung erforderlich und eine genaue Ergebniskontrolle.

📖 **Praxistipp**

Deshalb meine Empfehlung: immer erst in einer Mandantenkopie testen. Bei größeren Aktionen zwischendurch mal eine Datensicherung erstellen. Alle Schritte vollständig dokumentieren.

Aus diesem Grund zeige ich Ihnen jetzt die Schnelländerung am Beispiel der Cronus AG. Dafür wechseln wir den Mandant und erstellen in der Cronus AG ein neues Konfigurationspaket, in dem wir für die Tabelle Debitoren (18) nur folgende Felder mitnehmen:

- Debitorennummer
- Name
- Lagerort

MANDANT CRONUS AG. Erstellen Sie ein neues Konfigurationspaket.

Damit wir das neue Paket eindeutig identifizieren können, nenne ich es Debitoren_Lager. Sprach-ID ist wieder 1031 für Deutsch und wir brauchen wieder die Tabelle 18, Kunden.

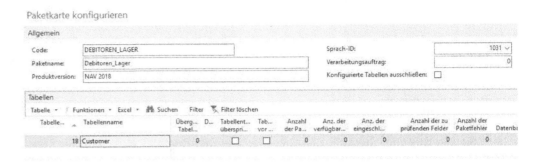

DEBITOREN_LAGER. Wählen Sie die Tabelle 18 Customer (Kunden) aus.

Für die nächsten Schritte ändert sich jetzt unsere weitere Vorgehensweise. Diesmal wollen wir nur eine Tabelle mit einigen, ausgewählten Feldern.

Markieren Sie die Tabelle Customer und klicken Sie auf den Reiter Tabelle, um das Pulldown Menü zu öffnen.

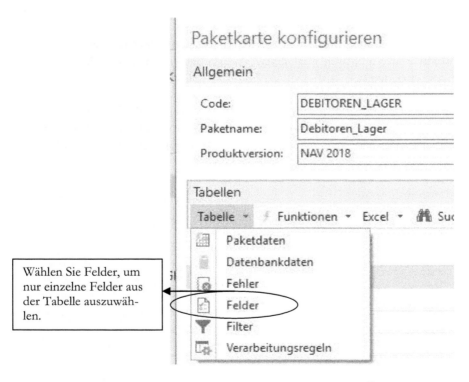

Wählen Sie Felder, um nur einzelne Felder aus der Tabelle auszuwählen.

TABELLE PULLDOWN MENÜ. Hier sehen Sie die zur Auswahl stehenden Möglichkeiten.

Hier haben folgende Optionen zur Auswahl:

Datenbankdaten: Zeigt die Datensätze der ausgewählten Tabelle an.

DAS ELSTERVERFAHREN

Fehler: Zeigt mögliche Fehler beim Import eines Pakets an.

Felder: Hier können Sie einzelne Felder auswählen.

Filter: Mit Hilfe eines Filters können Sie die Datensätze einschränken.

Verarbeitungsregeln: Hier können Sie eine Verarbeitungsregel hinterlegen. Sie haben quasi die Möglichkeit, einen eigenen Quellcode zu schreiben, der z.B. in einer Tabelle einzelne Werte ersetzen oder ergänzen soll und diese Codeunit wird hier hinterlegt.

Wenn Sie Felder auswählen, kommt zunächst der folgende Hinweis:

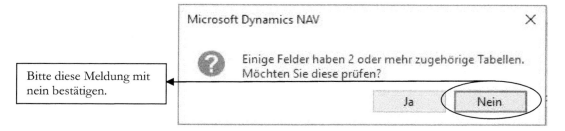

Bitte diese Meldung mit nein bestätigen.

FRAGE. Das System gibt an dieser Stelle einen Hinweis auf zugehörige Tabellen.

Da wir nur den Inhalt von einem Feld innerhalb einer Tabelle ändern wollen, ist es nicht erforderlich, zugehörige Tabellen zu berücksichtigen.

Im Folgenden werden alle verfügbaren Felder der Tabelle angezeigt. Entfernen Sie alle Markierungen bis auf die 3 Felder Nummer, Name und Lagerortcode.

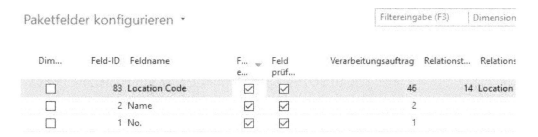

DEBITOREN_LAGERORT. So sieht unsere Tabelle mit der endgültigen Feldauswahl aus.

Bitte speichern Sie Ihre Auswahl. In der Übersicht sehen Sie jetzt, dass 3 von 89 verfügbaren Feldern ausgewählt wurden.

DAS ELSTERVERFAHREN

Hier sehen Sie die Zahl der ausgewählten Felder.

DEBITOREN_LAGERORT. Die Tabelle in der Übersicht, nachdem wir unsere Auswahl gespeichert haben.

Jetzt können Sie die Daten nach MS Excel exportieren. Achtung: Diesmal werden nur die Daten exportiert, nicht das komplette RapidStart Paket.

DEBITOREN_LAGERORT NACH EXCEL EXPORTIEREN. Bestätigen Sie die Frage mit ja und wählen Sie anschließend den gewünschten Speicherort aus.

DATEI EXPORTIERN. Wählen Sie speichern.

Wählen Sie das Verzeichnis, in das Sie die Tabelle speichern wollen und vergeben Sie einen sinnvollen Dateinamen. Wichtig ist, dass Sie selbst im Anschluss noch in der Lage sind, die Datei an Hand des Namens wiederzufinden.

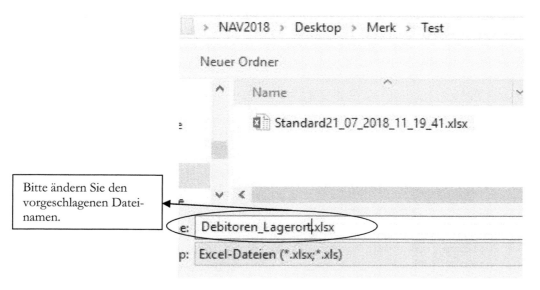

Bitte ändern Sie den vorgeschlagenen Dateinamen.

DATEI EXPORTIERN. Speichern Sie die Datei in einem von Ihnen gewählten Verzeichnis und ändern Sie den Dateinamen.

Jetzt können Sie die Datei in MS-Excel öffnen und entsprechend ändern / überarbeiten.

Wichtig

Bitte achten Sie darauf, dass von Excel nicht automatisch Daten verändert werden, die später beim Import zu Problemen führen, wie das Löschen führender Nullen bei Postleitzahlen oder ähnliche Formatierungsprobleme. Hier liegt eine große Gefahrenquelle, die schnell mal zu Unstimmigkeiten im Datenbestand führen kann.

DAS ELSTERVERFAHREN

Hier sehen Sie den Tabellennamen und in Spalte C die Tabellennummer. Bitte nicht löschen oder verändern.

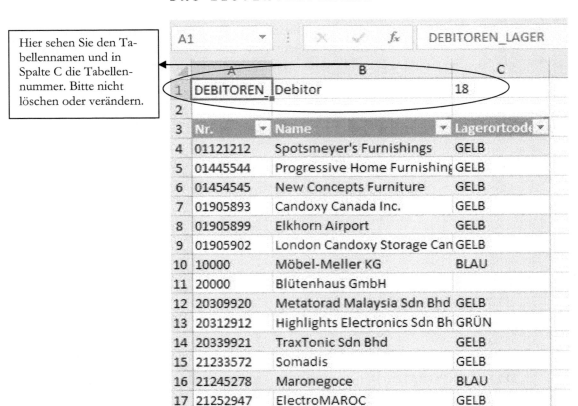

DEBITOREN IN EXCEL. Sie können jetzt in der Excel Tabelle die gewünschten Änderungen vornehmen.

Ändern Sie das Feld Lagerortcode für alle Datensätze auf GELB.

Lagerortcode nach Änderung.

DEBITOREN IN EXCEL. So sieht die Tabelle nach der Änderung aus.

Bitte speichern Sie die Tabelle nach der Änderung unter einem neuen Namen.

DAS ELSTERVERFAHREN

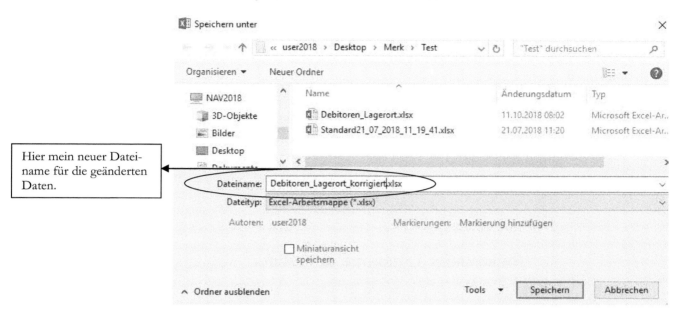

Hier mein neuer Dateiname für die geänderten Daten.

DEBITOREN_LAGERORT. Ich hänge nach der Änderung einfach eine Ergänzung an den ursprünglichen Dateinamen. Das ist aus meiner Sicht sehr gut nachvollziehbar.

Jetzt können Sie wieder ins Microsoft Dynamics NAV wechseln und die überarbeitete Datei wieder einlesen über die Funktion „**Aus Excel importieren**".

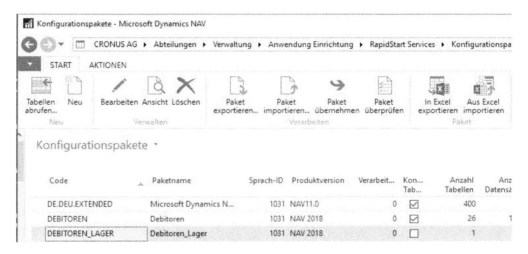

DEBITOREN_LAGER. Markieren Sie wieder das entsprechende Konfigurationspaket und wählen Sie dann aus Excel importieren.

Wählen Sie zum Import die korrigierte Datei aus.

DAS ELSTERVERFAHREN

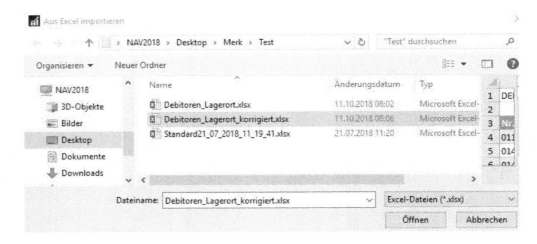

DEBITOREN_LAGERORT_KORRIGIERT. Wählen Sie die Datei aus, die Sie einlesen wollen.

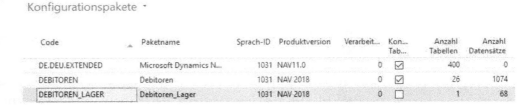

DEBITOREN_LAGERORT_KORRIGIERT. Markieren Sie das Paket und wählen Sie übernehmen.

Da wir jetzt eine bestehende Tabelle überschreiben, kommt die folgende Meldung:

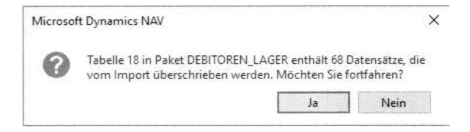

HINWEIS. Bestätigen Sie den Hinweis mit ja, um fortzufahren.

Jetzt kommt eine weitere Meldung mit der Information, wie viele Daten verarbeitet wurden.

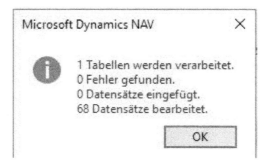

DEBITOREN. Die Übernahme der Daten hat ohne Fehler funktioniert.

DAS ELSTERVERFAHREN

Jetzt beenden wir RapidStart und prüfen das Ergebnis direkt in den Debitoren.

Prüfen Sie die Lagerorte.

DEBITOREN. Wie Sie sehen, gibt es nur noch den Lagerort Gelb.

Mit dieser Methodik können Sie Stammdaten sehr schnell pflegen, insbesondere, wenn es um Preisänderungen geht, oder z.B. neue Vertreter zugeordnet werden sollen. Neben der Auswahl der Felder können Sie mit Hilfe von Filtern auch die Datensätze sehr genau auswählen, so dass auf diesem Weg ein sehr schnelles und genaues Arbeiten möglich ist.

Fragen zur Lernzielkontrolle

☺ Testen Sie Ihr Wissen

1) Wie können Sie ein Datenpaket für einzelne Felder einer Tabelle erstellen?

2) Was ist der Unterschied zwischen Felder und Filter?

Praktische Übungen

🖥 Tastaturübungen

1) Erstellen Sie ein Datenpaket für Debitoren nur mit den Feldern Nummer, Name und Lagerort.

2) Exportieren Sie die Daten nach MS Excel.

3) Ändern Sie den Lagerort für alle Kunden auf GELB.

4) Lesen Sie die Daten wieder ein und übernehmen Sie die Änderungen.

5) Prüfen Sie das Ergebnis.

Kapitel 9

Import von Fremddaten

In diesem Kapitel zeige ich Ihnen am Beispiel von Artikeln, wie Sie Daten aus einem anderen Programm einlesen können.

Bei einem Systemwechsel stellt sich immer die Frage, wie sinnvoll es ist, Daten aus dem Altsystem automatisch zu übernehmen. Das hängt von verschiedenen Faktoren ab. Allem voran stellt sich die Frage: Wie gut sind die Daten gepflegt? Will ich die Struktur der Daten verändern? Welche Daten werden nicht mehr benötigt und können deshalb herausgefiltert werden[18]?

Um es möglichst einfach und übersichtlich zu gestalten, habe ich aus meiner Lexware Warenwirtschaft einen kleinen Artikelstamm[19] komplett in Excel exportiert und zeige Ihnen jetzt Schritt für Schritt, wo bei einer Übernahme von Fremddaten die größten Herausforderungen liegen.

Dabei geht es weniger darum, im Test viele Daten zu übernehmen, als darum, zu verstehen, warum es so wichtig ist, sich in die Logik beider Programme hineinzudenken. Wichtige Merkmale, wie z.B. der Steuersatz für die Artikel, sind komplett anders strukturiert. Daraus ergibt sich, dass an einigen Stellen eine Zuordnung von Feldern und Inhalten erforderlich ist. Diese Zuordnung kann wahlweise manuell oder mit Hilfe einer Matrix erfolgen.

Welcher Weg für Sie der richtige ist, hängt nicht zuletzt von der Anzahl der Felder ab, die zu konvertieren sind und von der Menge der betroffenen Datensätze.

In dieser Schulungsunterlage geht es mir nur darum, die Zusammenhänge verständlich zu machen. Aus diesem Grund werde ich mich hier auf eine manuelle Zuordnung beschränken. Dabei kann es durchaus sinnvoll sein, den Artikelstamm in mehreren Schritten aufzubauen. Beim ersten Import werde ich mich deshalb auf die wichtigsten Felder konzentrieren. Wenn Sie das Konzept verstanden haben, bekommen Sie die weiteren Details auch alleine in den Griff.

---

[18] Denken Sie hier vor allem bei Kundendaten an die neue DSGVO und nehmen Sie nur wirklich aktive Kunden mit. Die Altdaten werden ja ohnehin noch gesichert.

[19] Sie können diese Artikeldaten zum Test gerne kostenfrei per Mail an jm@newearthpublishing.de anfordern.

Artikel Mustervorlage erstellen

Für den Import von Artikeln wechseln wir wieder in unseren neuen Mandanten Musikladen RS. Hier sind noch keine Artikel vorhanden, deshalb wird es sehr einfach, den Import zu prüfen und eventuell erforderliche Nacharbeiten durchzuführen.

📖 **Praxistipp**

Grundsätzlich empfehle ich Ihnen, zunächst ein oder 2 Musterartikel anzulegen und im Anschluss zu exportieren. Dann können Sie sich an den Daten orientieren. Das ist in aller Regel einfacher, als nur mit den Feldbezeichnungen zu arbeiten.

Für unser Beispiel lege ich einfach einen Musterartikel mit der Artikelnummer 1 an und einem Steuersatz von 19%. Wenn Sie Artikel mit unterschiedlichen Steuersätzen haben, empfehle ich Ihnen, für jeden Steuersatz ein entsprechendes Muster anzulegen (z.B. im Einzelhandel, wenn Sie auch Artikel mit 7% MwSt. verkaufen).

Sie werden bei der Anlage Ihres Musterartikels feststellen, dass es in Microsoft Dynamics NAV eine ganze Reihe von Pflichtfeldern gibt und Sie in der Folge noch einige Tabellen werden nachpflegen müssen. Gerade deshalb ist der Artikel ein sehr gutes Beispiel für unsere Problematik bei der Datenübernahme. In der Praxis empfehle ich Ihnen deshalb grundsätzlich ein kleines Pflichtenheft zu erstellen, bevor Sie mit Ihrem Import beginnen.

Öffnen Sie den Artikelstamm unter **Abteilungen → Verkauf & Marketing → Lager & Preise → Artikel** und legen Sie einen Musterartikel an.

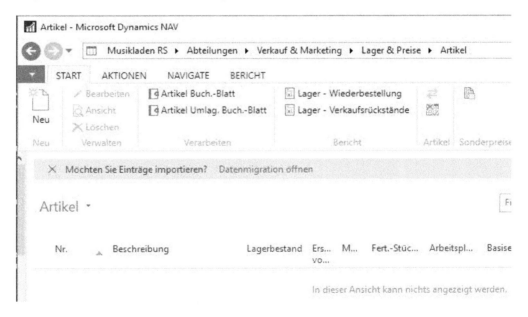

ARTIKEL. Wählen Sie neu, um einen neuen Artikel anzulegen.

Sie werden feststellen, dass in einem neuen Mandanten unter Umständen noch Vorarbeiten zu erledigen sind, bevor Sie Ihren ersten Artikel anlegen können. Aber das sehen wir ja gleich bei unserer Arbeit.

Der Einfachheit halber werden wir die wichtigsten Einrichtungen gleich direkt bei der Artikelanlage erledigen.

ARTIKEL MUSTERVORLAGE ERSTELLEN

> Wenn Sie eine solche Fehlermeldung haben, können Sie den Datensatz nicht speichern.

> Tragen Sie hier die Artikelbezeichnung ein.

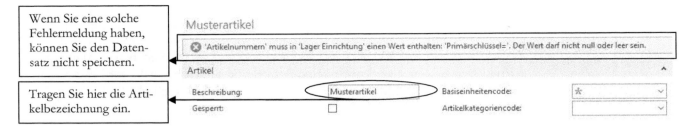

ARTIKEL. Geben Sie als Beschreibung Musterartikel ein.

Sobald die das Feld Beschreibung verlassen, kommt eine Fehlermeldung, die Sie darauf hinweist, dass in der Lager Einrichtung noch keine Nummernserie für die Artikelnummer hinterlegt ist. Da es sich bei dem Feld Artikelnummer um einen Primärschlüssel handelt, kann der Datensatz nicht ohne eine Artikelnummer gespeichert werden.

Aus diesem Grund brechen wir an dieser Stelle die Erfassung des Artikels ab, schließen die Erfassungsmaske und suchen uns die Lagereinrichtung.

> In der Lagereinrichtung ordnen Sie unter anderem auch die Nummernserie für Ihre Artikel zu.

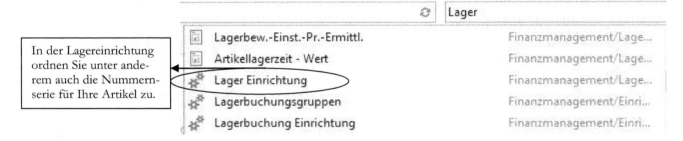

LAGER EINRICHTUNG. Am schnellsten geht das wieder über das Suchfenster.

In der Lagereinrichtung interessiert uns an dieser Stelle nur der Bereich Nummerierung.

> Ordnen Sie hier eine Nummernserie zu.

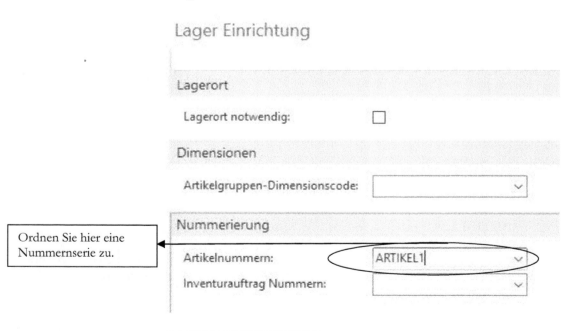

LAGER EINRICHTUNG. Öffnen Sie den Reiter Nummerierung.

ARTIKEL MUSTERVORLAGE ERSTELLEN

Als Beispiel trage ich Artikel1 ein. Damit das Ganze dann auch funktioniert, müssen wir prüfen, ob für diesen Code auch ein gültiger Nummernkreis hinterlegt ist.

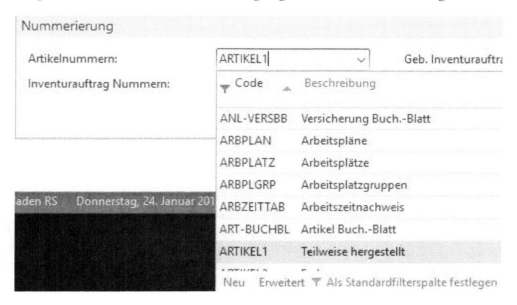

NUMMERIERUNG. Sie können eine bestehende Nummernserie zuordnen oder eine neue Nummernserie anlegen.

In unserem Beispiel wähle ich Artikel1. Klicken Sie auf erweitert, um zu prüfen, ob hier eine gültige Nummernserie hinterlegt ist.

Dazu müssen Sie zunächst ein Startdatum eintragen. Erst danach können Sie eine Startnummer eintragen. Diese wird dann für den 1. Artikel verwendet und automatisch fortlaufend hochgezählt[20].

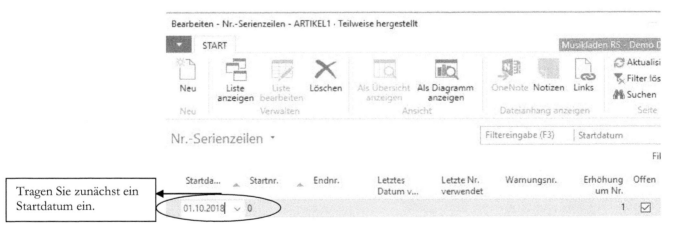

NUMMERNSERIE. Für die Anlage von Artikeln können Sie eine oder mehrere Nummernserien hinterlegen.

Optional können Sie auch für einzelne Artikeltypen Vorlagen definieren, in denen Sie bestimmte Felder automatisch vorbelegen. Das ist vor allem in Produktionsun-

---

[20] In der Praxis haben Sie in der Regel komplexere Nummernserien. Aber das spielt für unseren Datenimport jetzt nur eine untergeordnete Rolle. In Ihrem Betrieb müssen Sie solche Datenanlagen ohnehin mit der zuständigen Fachabteilung abstimmen.

ARTIKEL MUSTERVORLAGE ERSTELLEN

ternehmen sinnvoll, wo es neben Handelsware, Rohstoffe, Teilfertige Produkte und Fertigprodukte gibt.

> Für den Import ist wichtig, dass die Haken bei Standard und Manuelle Nummern gesetzt sind.

NUMMERNSERIENÜBERSICHT. Den Haken für manuelle Nr. setzen Sie, wenn Sie bestehende Artikelnummern übernehmen wollen.

Wenn wir jetzt wieder in den Artikelstamm gehen und im Feld Beschreibung unseren Musterartikel eintragen, wird oben automatisch die erste Artikelnummer angezeigt. Dass das in unserem Beispiel die Null ist, spielt keine Rolle, weil wir den Musterartikel nach unserem Datenimport wieder löschen.

> Wählen Sie Felder, um nur einzelne Felder aus der Tabelle auszuwählen.

ARTIKEL. Wieder beginnen wir, unseren Musterartikel anzulegen.

Und siehe da, wir können ins nächste Feld wechseln, ohne dass es zu einer Fehlermeldung kommt. Als nächstes benötigen wir eine Einheit.

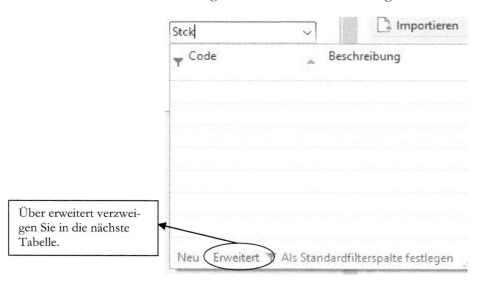

> Über erweitert verzweigen Sie in die nächste Tabelle.

EINHEIT. Wählen Sie erweitert und dann neu, um eine neue Mengeneinheit anzulegen.

ARTIKEL MUSTERVORLAGE ERSTELLEN

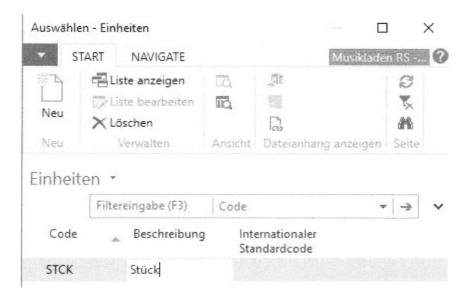

EINHEITEN. Geben Sie unter Code eine gebräuchliche Abkürzung ein und unter Beschreibung die Bezeichnung.

Wenn Sie mit EDI arbeiten, sollten Sie in der Praxis auch den Internationalen Standardcode eingeben.

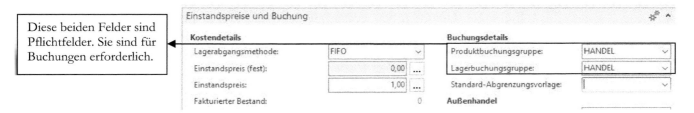

Diese beiden Felder sind Pflichtfelder. Sie sind für Buchungen erforderlich.

EINSTANDSPREISE UND BUCHUNG. Pflegen Sie in jedem Fall einen Einstandspreis ein und Produktbuchungsgruppe und Lagerbuchungsgruppe.

Anders als in anderen Programmen wird in Microsoft Dynamics NAV der Steuersatz im Artikel nicht explizit eingegeben. Er wird vielmehr mit Hilfe der Produktbuchungsgruppe aus der MwSt.-Buchungsmatrix ermittelt[21].

Der Einfachheit halber trage ich beim Einkaufspreis EUR 1,00 ein und beim Verkaufspreis EUR 2,00.

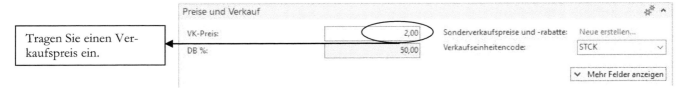

Tragen Sie einen Verkaufspreis ein.

PREISE UND VERKAUF. Wenn Sie den Verkaufspreis mit einem anderen Preis pflegen, als den EK, dann finden Sie sich später in der Excel Tabelle besser zurecht.

Jetzt den Artikel speichern.

---

[21] Diese Thematik habe ich in meinem Schulungshandbuch Microsoft Dynamics NAV 2018 Financials ausführlich erklärt.

ARTIKEL MUSTERVORLAGE ERSTELLEN

ARTIKEL. So sieht unser Musterartikel jetzt in der Übersicht aus.

Erlauben Sie mir an dieser Stelle nochmals den Hinweis: Das war nur eine sehr rudimentäre Anlage eines Musterartikels, um überhaupt eine Vorlage für unseren Fremdimport zu bekommen. In der Praxis sollten Sie schon ein paar Felder mehr pflegen und die Programmabläufe nach dem Import vorab testen.

Konfigurationspaket für Artikel erstellen

Nach der Anlage unseres Musterartikels können wir jetzt ein Konfigurationspaket für Artikel erstellen mit den wichtigsten Feldern. Anschließend exportieren wir diese Daten nach Excel und fügen in diese Tabelle unsere Artikel aus dem Fremdsystem für den Import ein.

Rufen Sie RapidStart Services auf, um das für unseren Import erforderliche Konfigurationspakte zur erstellen. Das setzt natürlich voraus, dass Sie die Daten aus dem Fremdsystem als Excel Tabelle vorliegen haben.

RAPIDSTART SERVICES. Nutzen Sie das Suchfenster, um RapidStart Services aufzurufen.

Im nächsten Schritt wählen Sie: **Konfigurationspakete**

Wählen Sie neu und legen Sie ein neues Konfigurationspaket Artikel an.

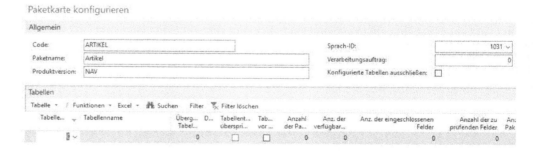

PAKETKARTE KONFIGURIEREN. Legen Sie ein neues Paket Artikel an.

Die Tabelle Artikel einfach über den Filter nach Name suchen.

ARTIKEL MUSTERVORLAGE ERSTELLEN

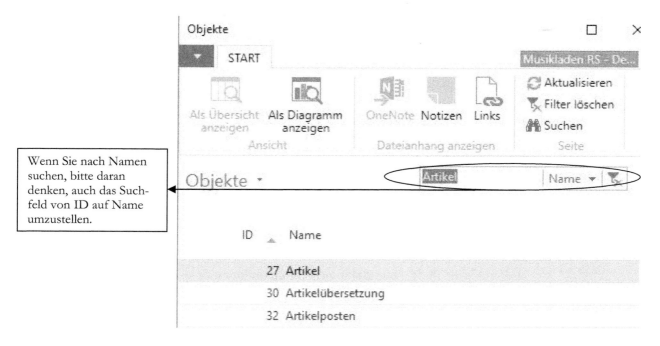

Wenn Sie nach Namen suchen, bitte daran denken, auch das Suchfeld von ID auf Name umzustellen.

OBJEKTE. Wählen Sie die Tabelle 27 Artikel aus.

Sobald Sie in die nächste Zeile springen, kommt ein Hinweis auf zugehörige Tabellen. Da wir diesmal Daten auch einem Fremdsystem übernehmen wollen, empfehle ich Ihnen, den Hinweis mit ja zu beantworten.

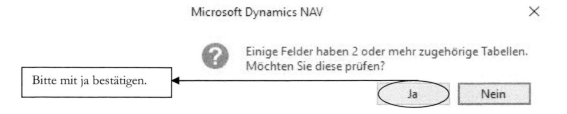

Bitte mit ja bestätigen.

HINWEIS. Prüfen Sie, welche Tabellen hier verknüpft sind.

Sie können bei Bedarf auch mehrere Tabellen auf einmal nach Excel exportieren.

Hier sehen Sie ID und Name der jeweiligen Tabelle.

PAKETFELDER KONFIGURIEREN. In unserem Beispiel gibt es 3 Verknüpfungen zu ein und derselben Tabelle.

Nachdem es nur eine Tabelle ist, die Tabelle 204, Einheit, die hier angesprochen wird, empfehle ich Ihnen, diese Tabelle gleich mit auszugeben und dann für den Import mit zu pflegen.

ARTIKEL MUSTERVORLAGE ERSTELLEN

Wählen Sie die Tabelle 204, Einheit aus.

OBJEKTE. Wenn Sie durch die ID nach unten scrollen bis zur 204, sehen Sie auch jeweils die deutschen Bezeichnungen.

Ergänzen Sie die Tabelle 204 in unserem Konfigurationspaket Artikel.

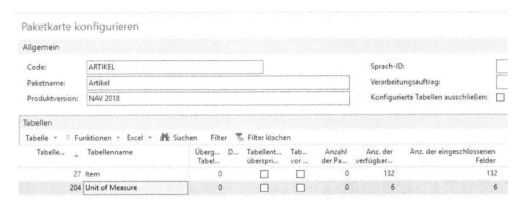

PAKETKARTE KONFIGURIEREN. Damit sind die Tabellen schon mal vollständig.

Jetzt kommt der aufwendigere Teil: Die benötigten Felder markieren. Hier werde ich mir auf ein Minimum beschränken, weil es sonst für diese Schulungsunterlage zu unübersichtlich wird. In der Praxis müssen Sie alle Felder prüfen und gegebenenfalls leer lassen oder mit einem Default vorbelegen.

Nachdem die Tabelle 204 Unit of Measure (Einheit) ohnehin nur 6 Felder beinhaltet, fange ich mit der kleineren Tabelle an.

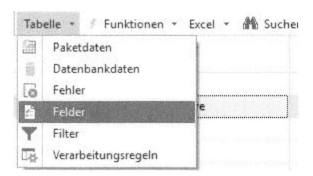

TABELLE EINHEIT. Wählen Sie Felder, um die Zahl der Felder einzuschränken.

© New Earth Publishing

ARTIKEL MUSTERVORLAGE ERSTELLEN

> Hier benötigen wir nur die beiden Felder Code und Beschreibung.

Dim...	Feld-ID	Feldname	Feld eins...	Feld prüf...	Verarbeitungsauftrag
☐	1	Code	☑	☑	1
☐	2	Description	☑	☑	2
☐	3	International Standard ...	☐	☐	3
☐	4	Symbol	☐	☐	4
☐	5	Last Modified Date Time	☐	☐	5
☐	8000	Id	☐	☐	6

EINHEIT. So sieht unsere Tabelle nach der Auswahl unserer Felder aus.

Ein wenig spannender und umfangreicher wird es bei der Tabelle 27 Item (Artikel). Hier stehen immerhin 132 Felder zur Auswahl.

ARTIKEL Hier die Übersicht mit allen ausgewählten Feldern.

In der Praxis wird Ihre Auswahl vermutlich ein wenig umfangreicher ausfallen. ☺

ARTIKEL MUSTERVORLAGE ERSTELLEN

Speichern Sie die markierten Felder und die ausgewählten Tabellen und kehren Sie in die Übersicht der Konfigurationspakete zurück.

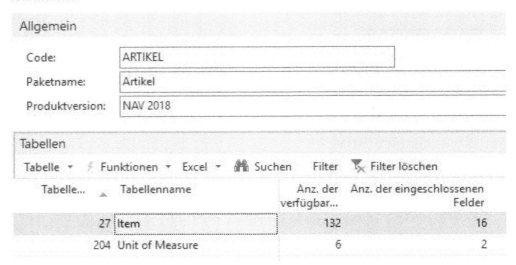

ARTIKEL. Speichern Sie das geänderte Paket.

In der Tabellenübersichte sehen Sie die Anzahl der ausgewählten Felder, beim Artikel 16 von 132 und bei der Einheit 2 von 6.

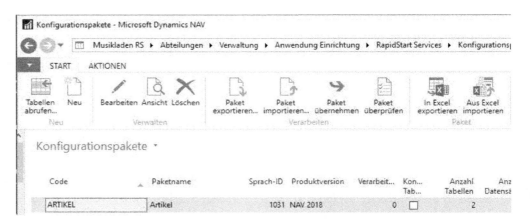

KONFIGURATIONSPAKETE. Exportieren Sie das Konfigurationspaket Artikel nach Excel.

Zunächst kommt wieder eine Abfrage.

PAKET ARTIKEL. Beantworten Sie die Abfrage mit ja, um das Paket nach Excel zu exportieren.

ARTIKEL MUSTERVORLAGE ERSTELLEN

ARTIKEL. Wählen Sie speichern.

Wählen Sie das Verzeichnis aus, in das Sie die Excel Tabelle speichern wollen und vergeben Sie einen aussagekräftigen Namen.

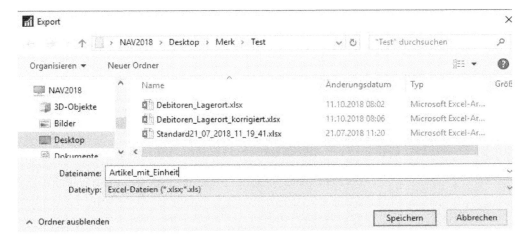

ARTIKEL. Speichern Sie die Tabelle in einem separaten Verzeichnis.

An dieser Stelle können Sie Ihr Microsoft Dynamics NAV erst einmal schließen. Jetzt heißt es, in Excel die Fremddaten in unsere Excel Tabelle einpflegen. Im Anschluss werden wir die Daten dann einlesen.

Fremddaten in Excel Tabelle einpflegen

Das wichtige beim Einpflegen der Daten ist, dass die ursprüngliche Excel Tabelle nicht verändert werden darf. Es dürfen nur Zeilen und Werte eingefügt werden. Keinesfalls dürfen Spalten gelöscht oder Spaltenüberschriften geändert werden.

EXCEL TABELLE. Öffnen Sie die Datei Artikel mit Einheit in Excel.

FREMDDATEN IN EXCEL TABELLE EINPFLEGEN

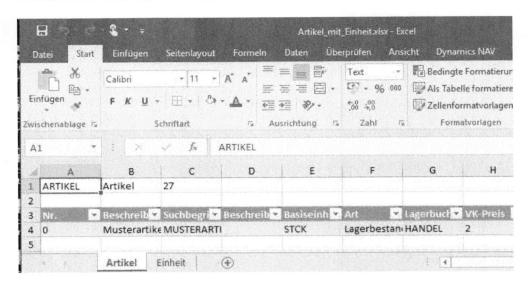

ARTIKEL. In Excel finden Sie eine Tabelle mit 2 Tabellenblättern. In der ersten Zeile stehen immer der Code, der Paketname und die Nummer der Tabelle aus dem zugehörigen Konfigurationspaket.

Die ersten drei Zeilen dürfen inhaltlich nicht verändert werden. In Zeile 4 haben Sie jetzt unseren Beispieldatensatz, den Sie zur Orientierung nutzen können.

Im zweiten Tabellenblatt, das Sie unter neben Artikel sehen, finden Sie die Einheit. In der Praxis können Sie auch mehrere Tabellen gleichzeitig nach Excel exportieren, bearbeiten und wieder einlesen.

📖 Praxistipp

Allerdings ist hier Vorsicht geboten: es wird sehr schnell unübersichtlich und erfordert ein wenig Übung. Fangen Sie besser klein mit einfachen Beispielen an.

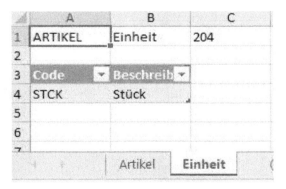

TABELLENBLATT EINHEIT. Hier sehen Sie die Daten aus unserer Tabelle Einheit.

In diesem Tabellenblatt haben wir nur 2 Felder. Aus diesem Grund fange ich mit diesem Tabellenblatt an.

Um die Einheiten pflegen zu können, müssen wir zunächst parallel die Datei mit den Fremddaten öffnen, um zu prüfen, welche Einheiten benötigt werden. Aktuell liegen mir die Daten aus Lexware als .txt vor, d.h. ich werde die Datei mit Excel öffnen und zunächst in eine Excel Datei umwandeln.

FREMDDATEN IN EXCEL TABELLE EINPFLEGEN

Achten Sie auf das Dateiformat, damit Sie die Datei in Excel später wiederfinden.

LEXWARE ARTIKELSTAMM. Der Artikelstamm aus Lexware liegt uns als *.txt vor.

Am einfachsten ist es, zunächst MS Excel zu starten und dann die Datei aus Excel heraus zu öffnen. Dabei müssen Sie allerdings in Excel einstellen, welche Dateitypen angezeigt werden sollen. Im Standard sind hier Excel Dateien voreingestellt.

Stellen Sie hier den Dateityp ein, der angezeigt werden soll. Im Zweifel wählen Sie alle Dateien.

ÖFFNEN. Wählen Sie die Datei aus, die Sie mit Excel öffnen wollen.

Wenn Sie eine Textdatei in Excel öffnen, startet automatisch ein Assistent, der Sie Schritt für Schritt durch die einzelnen Einstellungen führt, die erforderlich sind, um die Datei als Excel Tabelle zu öffnen.

Achten Sie dabei darauf, dass nicht nur alle Zeichen korrekt dargestellt sind, sondern auch die einzelnen Spalten sauber und nachvollziehbar getrennt werden.

📖 Praxistipp

Ein kleiner Tipp am Rande: Alleine durch das Öffnen und formatieren ändert Excel den Dateityp nicht. Wenn Sie eine Textdatei mit Excel öffnen und formatieren, sollten Sie die Datei im Anschluss auch als Excel Datei speichern. Sonst müssen Sie die Formatierung jedes Mal beim Öffnen der Datei neu machen. Die originale Textdatei bleibt ja ohnehin erhalten.

Wenn Sie die Daten im Anschluss verändern oder ergänzen, empfehle ich immer, Zwischensicherungen zu erstellen für die einzelnen Arbeitsschritte. Dann können Sie leichter wieder zurück, wenn etwas nicht passt, ohne wieder alle Schritte nacharbeiten zu müssen.

FREMDDATEN IN EXCEL TABELLE EINPFLEGEN

Wählen Sie getrennt.

Machen Sie eine erste Sichtprüfung auf die Zeichen. Prüfen Sie insbesondere Trennzeichen und Sonderzeichen.

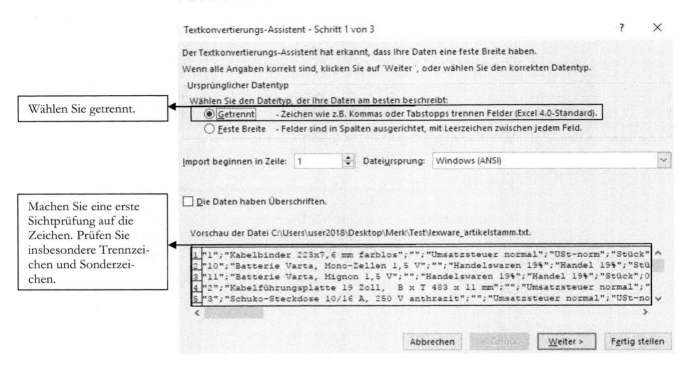

TEXTKONVERTIERUNG. In unserem Beispiel liegt eine Datei mit Semikolon als Trennzeichen vor.

Wählen Sie getrennt und prüfen Sie, ob eine Überschrift vorhanden ist, oder der Import in der 1. Zeile bereits mit Daten beginnt. Als nächstes kontrollieren Sie, ob der gewählte Dateiursprung passt. Den Unterschied zwischen ASCII und ANSI sehen Sie am schnellsten an Hand von Umlauten oder Sonderzeichen.

Wählen Sie als Trennzeichen Semikolon aus.

Kontrollieren Sie die Datenvorschau.

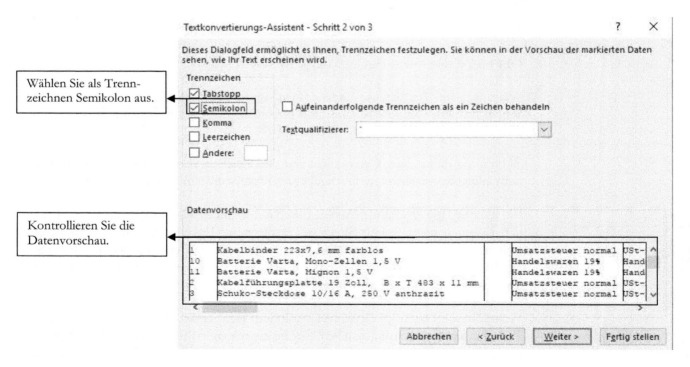

TEXTKONVERTIERUNG – SCHRITT 2. Machen Sie alle erforderlichen Angaben, prüfen Sie das Ergebnis in der Datenvorschau und wählen Sie weiter.

FREMDDATEN IN EXCEL TABELLE EINPFLEGEN

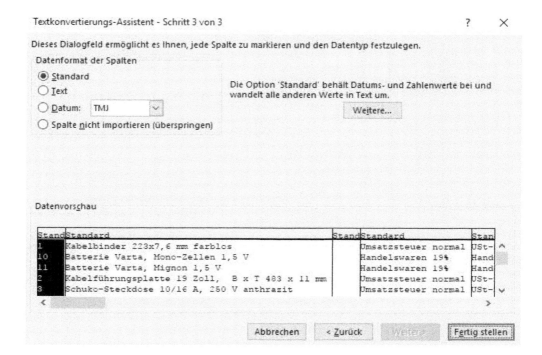

TEXTKONVERTIERUNG – SCHRITT 3. Kontrollieren Sie die Daten in der Datenvorschau. Wenn alles plausibel aussieht, wählen Sie fertig stellen.

In der Praxis ist besondere Sorgfalt geboten bei allen Sonderformaten, wie z.B. Datum, Währung, …. und bei Zahlenwerten, die mit einer führenden Null beginnen, wie z.B. eine Postleitzahl oder eine Telefonnummer. Hier sollten Sie gegebenenfalls das Format für die Zelle von Standard auf Text ändern, damit die führende Null nicht verloren geht.

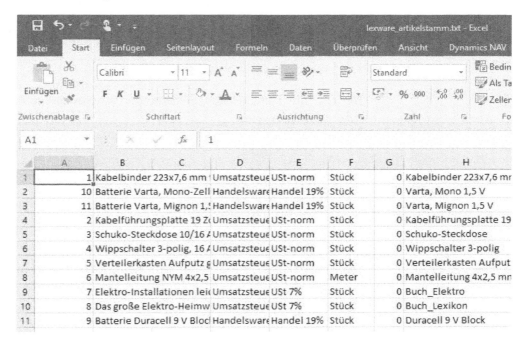

LEXWARE ARTIKELSTAMM. So sieht der Lexware Artikelstamm in Excel aus.

Wie an meinem Beispiel unschwer zu erkennen, wäre es wünschenswert, wenn die einzelnen Überschriften vorhanden wären, um die Felder eindeutig zu identifizieren.

Um die Formatierung zu erhalten, empfehle ich Ihnen jetzt, zunächst die Datei im Excel Format zu speichern.

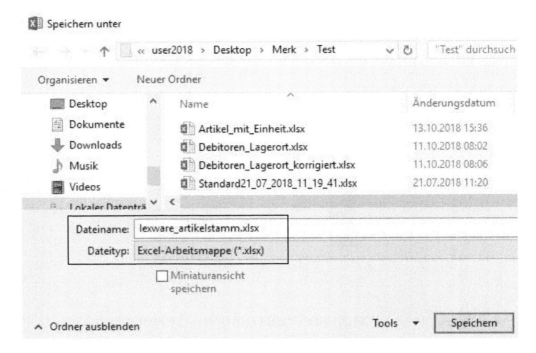

FREMDARTIKELSTAMM. Wählen Sie speichern unter und ändern Sie das Format auf .xlsx.

Wenn wir jetzt die Fremdartikelübersicht auf Seite 89 einer ersten, flüchtigen Analyse unterziehen, fallen mir auf Anhieb 2 Dinge auf:

- Es gibt nur 2 Mengeneinheiten, Stück und Meter
- Es gibt offensichtlich Artikel mit unterschiedlichen Steuersätzen

Die beiden Mengeneinheiten können wir bequem manuell erfassen.

Bei den unterschiedlichen Steuersätzen wird es ein wenig komplizierter. Es gibt folgende Steuersätze:

- USt. Normal
- 19%
- 7%

Dabei sind wohl USt. Normal und 19% identisch. Die 7% sind für Bücher. Da in Microsoft Dynamics NAV die Steuer mit Hilfe der Produktbuchungsgruppe ermittelt wird, muss diese beim Import unterschieden werden. In der Praxis klären Sie das bitte mit Ihrer Buchhaltung ab.

Ich werden der Einfachheit halber die beiden Buchartikel herausfiltern und den Rest mit der Produktbuchungsgruppe Handel übernehmen. Mir geht es in erster Linie darum, Sie für solche Themen und Konstellationen ein wenig zu sensibilisieren.

FREMDDATEN IN EXCELTABELLE EINPFLEGEN

Fremddaten aufbereiten

Um die Fremddaten mit unserem RapidStart Konfigurationspaket Artikel in unseren Mandanten Musikladen RS einlesen zu können, müssen wir die Daten zunächst in unsere Excel Tabelle mit dem Musterartikel einarbeiten.

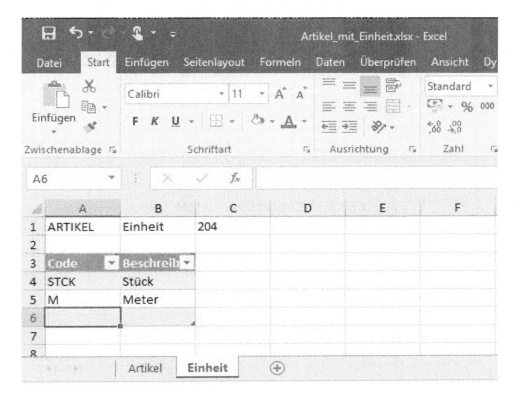

ARTIKEL EINHEIT. Ergänzen Sie die Einheit Meter mit dem Code M.

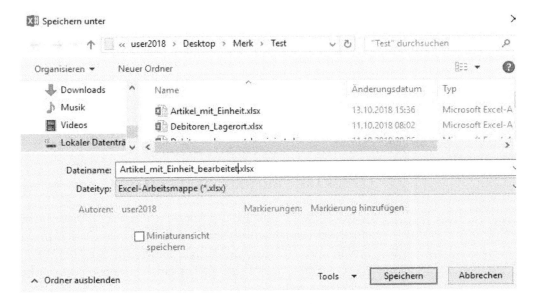

ARTIKEL EINHEIT. Auch hier empfehle ich Ihnen eine Sicherung unter einem neuen Namen, sobald Sie angefangen haben, die Datei zu bearbeiten.

Je nach Umfang der Bearbeitung empfehle ich hier, jeweils Zwischensicherungen zu erstellen und den Dateinamen einfach mit 01, 02 usw. hochzuzählen.

FREMDDATEN IN EXCEL TABELLE EINPFLEGEN

Die Artikeltabelle werde ich jetzt Stück für Stück füllen. Dafür werde ich zunächst die beiden Artikel mit 7% aus der Fremdartikel Tabelle löschen und anschließend, alle Felder, soweit erforderlich, in meine Vorlage einkopieren.

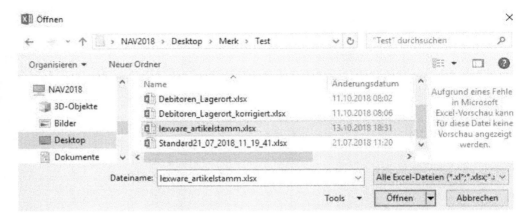

LEXWARE ARTIKELSTAMM. Die Datei ist dank unserer Speicherung als Excel Tabelle jetzt wesentlich einfacher und schneller auffindbar.

Öffnen Sie die Tabelle und markieren Sie alle Artikel mit 7% MwSt. Mit der Tastenkombination **Strg + Minus** können Sie jetzt alle markierten Zeilen auf einmal löschen.

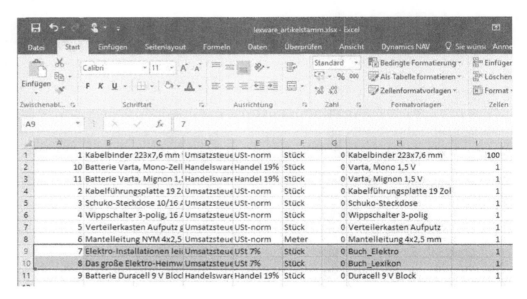

LEXWARE FREMDARTIKELSTAMM. Löschen Sie alle Artikelzeilen mit 7% MwSt..

Zurück bleibt eine Tabelle mit 9 Artikelzeilen. Diese Information ist wichtig für die Prüfung der Tabelle beim Einkopieren der Daten. Da die beiden Tabellen einen völlig unterschiedlichen Aufbau haben und Sie die Daten manuell einkopieren werden, ist die Anzahl der Zeilen eine hilfreiche Möglichkeit für eine schnelle Zwischenkontrolle.

Alternativ könnten Sie die Tabelle mit den Fremddaten natürlich auf so umbauen, dass der Aufbau der beiden Tabellen hinterher identisch ist. Ich zeige Ihnen nur eine von mehreren Möglichkeiten.

FREMDDATEN IN EXCEL TABELLE EINPFLEGEN

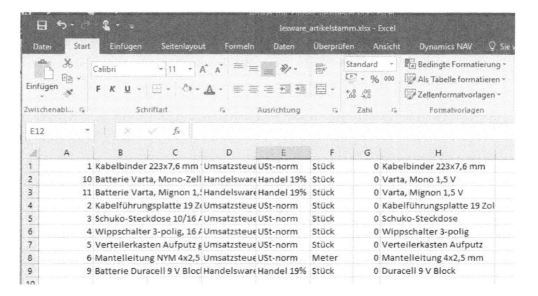

LEXWARE FREMDARTIKELSTAMM. So sieht die Tabelle aus, wenn nur noch die Artikel mit 19% MwSt. übrig sind.

Diese Tabelle speichere ich jetzt zur Sicherheit unter einem neuen Namen. Auf diese Weise kann ich meine Arbeit zu jedem beliebigen Zeitpunkt unterbrechen und kann später genau nachvollziehen, was der aktuelle Stand ist.

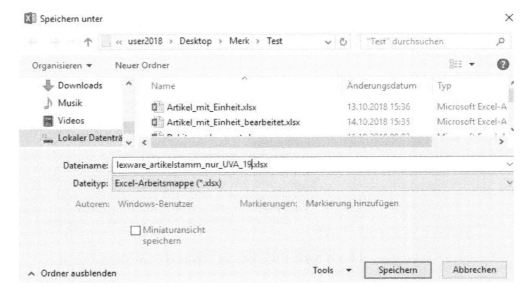

LEXWARE FREMDARTIKELSTAMM. Diese Tabelle wird jetzt unter einem neuen Namen gespeichert.

Jetzt können wir anfangen, die einzelnen Spalten aus der Lexwaretabelle in Mustertabelle zu übernehmen. Bei Bedarf werden einzelne Spalten mit Default Werten vorbelegt.

Zur besseren Übersicht habe ich auf der nächsten Seite die beiden Tabellen mit den ersten Spalten angedruckt, um Ihnen die Abstimmung zu erleichtern. Sollte Sie die Musterdatei von Lexware nicht vorliegen haben, können Sie die nächsten Seiten einfach lesen. An Hand der Screenshots am Ende dieses Kapitels können Sie die Daten dann manuell einpflegen.

FREMDDATEN IN EXCEL TABELLE EINPFLEGEN

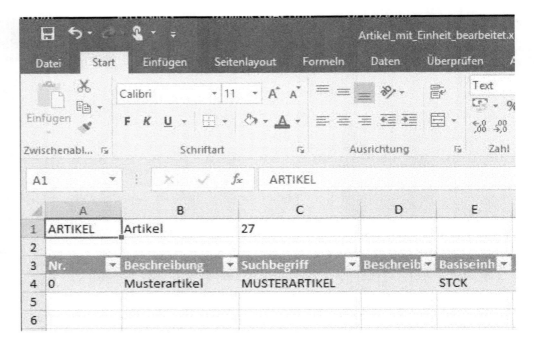

ARTIKEL MIT EINHEIT. Das ist die Vorlage mit unserem Musterartikel.

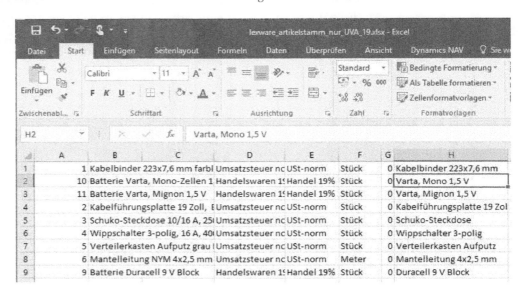

LEXWARE FREMDARTIKELSTAMM. So sehen die ersten Felder in der Tabelle mit den Artikeldaten aus Lexware aus.

Die Spalte A entspricht offensichtlich der Artikelnummer, B der Beschreibung, F der Basiseinheit und die Spalte H enthält den Suchbegriff. Das heißt, wir können diese 4 Spalten schon mal übernehmen.

Bei kleineren Datenbeständen können Sie die Werte einfach Spaltenweise kopieren und wieder einfügen.

Bei größeren Datenbeständen kann diese Methode mitunter etwas Zeit in Anspruch nehmen.

Alternativ können Sie natürlich auch ein Makro schreiben oder programmieren. ☺

FREMDDATEN IN EXCEL TABELLE EINPFLEGEN

	A	B	C	D	E	F	G
1	ARTIKEL	Artikel	27				
2							
3	Nr.	Beschreibung	Suchbegriff	Beschreib	Basiseinh	Art	Lagerbuchun
4	0	Musterartikel	MUSTERARTIKEL		STCK	Lagerbestand	HANDEL
5	1	Kabelbinder 223x7,(	Kabelbinder 223x7,6 mm		STCK		
6	10	Batterie Varta, Mon	Varta, Mono 1,5 V		STCK		
7	11	Batterie Varta, Migr	Varta, Mignon 1,5 V		STCK		
8	2	Kabelführungsplatt	Kabelführungsplatte 19 Zoll		STCK		
9	3	Schuko-Steckdose 1	Schuko-Steckdose		STCK		
10	4	Wippschalter 3-poli	Wippschalter 3-polig		STCK		
11	5	Verteilerkasten Auf	Verteilerkasten Aufputz		STCK		
12	6	Mantelleitung NYM	Mantelleitung 4x2,5 mm		STCK		
13	9	Batterie Duracell 9 \	Duracell 9 V Block		STCK		

ARTIKEL MUSTERVORLAGE. Für den Anfang empfehle ich Ihnen, die Zeile mit den Musterdaten nicht zu überschreiben, damit Sie sich an den Beispielwerten orientieren können.

Die Spalten Art und Lagerbuchung können wir nach unten durchkopieren. Dann geht es weiter mit den Preisen. Und so arbeiten Sie sich Schritt für Schritt durch die Tabelle, bis alle Werte, die Sie zuordnen können, übertragen sind. Wichtig ist, nicht in den Zeilen zu verrutschen, sonst stimmen später die ganzen Werte nicht mehr.

H	I	J
Kabelbinder 223x7,6 mm	100	8400
Varta, Mono 1,5 V	1	8400
Varta, Mignon 1,5 V	1	8400

LEXWARE FREMDARTIKELSTAMM. Beim Artikel Kabelbinder scheint es eine Besonderheit zu geben. Solche Dinge bitte immer im Detail prüfen.

In der Spalte I haben wir in den Lexwaredaten offensichtlich die Information Preis per 100 Stück, sprich die Preiseinheit. Dieses Feld haben wir in unserem Konfigurationspaket nicht.

Jetzt gibt es verschiedene Möglichkeiten, mit so einem Problem umzugehen. Wichtig ist erst einmal, sich den Artikel und genau diese Problemstellung zu notieren. Später können Sie dann prüfen, wie Sie diese Konstellation in Microsoft Dynamics NAV abbilden. Oder Sie löschen diesen Artikel erst einmal.

Die Spalte T verwende ich für die Verkaufspreise, die Spalte AH verwende ich für die Einkaufspreise. In der Praxis werden Sie in der Regel mehrere Preislisten haben. Bei einer Migration in ein neues System sollten diese aber auf den Prüfstand. Insbesondere sollte die gesamte Preisgestaltung überprüft und auf ein Mindestmaß an Konditionen zurückgefahren werden.

Bedenken Sie: bei jeder Preisänderung müssen im Zweifel alle Preislisten und alle Sonderpreise nachgepflegt werden.

Hier sehen Sie auf 2 Screenshots verteilt die gesamte Tabelle. Im Zweifel können Sie die Werte auch eben manuell einpflegen, um die Übung durchzuführen.

FREMDDATEN IN EXCEL TABELLE EINPFLEGEN

	A	B	C	D	E	F	G	H
1	ARTIKEL	Artikel	27					
2								
3	Nr.	Beschreibung	Suchbegriff	Beschreib	Basis	Art	Lagerbuch	VK-Preis
4	0	Musterartikel	MUSTERARTIKEL		STCK	Lagerbestand	HANDEL	2
5	1	Kabelbinder 223x7,(	Kabelbinder 223x7,6 mm		STCK	Lagerbestand	HANDEL	52,76
6	10	Batterie Varta, Mon	Varta, Mono 1,5 V		STCK	Lagerbestand	HANDEL	4,1
7	11	Batterie Varta, Migr	Varta, Mignon 1,5 V		STCK	Lagerbestand	HANDEL	6,75
8	2	Kabelführungsplatt	Kabelführungsplatte 19 Zoll		STCK	Lagerbestand	HANDEL	52,66
9	3	Schuko-Steckdose 1	Schuko-Steckdose		STCK	Lagerbestand	HANDEL	24,36
10	4	Wippschalter 3-poli	Wippschalter 3-polig		STCK	Lagerbestand	HANDEL	32,89
11	5	Verteilerkasten Auf	Verteilerkasten Aufputz		STCK	Lagerbestand	HANDEL	147,18
12	6	Mantelleitung NYM	Mantelleitung 4x2,5 mm		STCK	Lagerbestand	HANDEL	15,34
13	9	Batterie Duracell 9 \	Duracell 9 V Block		STCK	Lagerbestand	HANDEL	7,49
14								

ARTIKELTABELLE INKL. FREMDDATEN TEIL 1. Hier der erste Teil der Artikeldaten inkl. der Werte aus Lexware.

	H	I	J	K	L	M	N	O	P
1									
2									
3	VK-Preis	Einstands	Onlinereg	VK-Preis i	Steuergru	MwSt.-Pr	Rundungs	Verkaufse	Einkaufse
4	2	1	true	false		19	1	STCK	STCK
5	52,76	17,5	true	false		19	1	STCK	STCK
6	4,1	2,2	true	false		19	1	STCK	STCK
7	6,75	4	true	false		19	1	STCK	STCK
8	52,66	17,43	true	false		19	1	STCK	STCK
9	24,36	6,61	true	false		19	1	STCK	STCK
10	32,89	15,84	true	false		19	1	STCK	STCK
11	147,18	83,61	true	false		19	1	STCK	STCK
12	15,34	5,11	true	false		19	1	STCK	STCK
13	7,49	3,8	true	false		19	1	STCK	STCK

ARTIKELTABELLE INKL. FREMDDATEN TEIL 2. Hier der zweite Teil der Artikeldaten inkl. der Werte aus Lexware.

Wenn Sie alle Werte erfasst haben, speichern Sie die Tabelle. Im nächsten Schritt können wir die Daten jetzt einlesen.

Fremdartikel einlesen

Um die Fremddaten mit unserem RapidStart Konfigurationspaket Artikel in unseren Mandanten Musikladen RS einzulesen, markieren wir einfach das Paket und wählen Daten aus Excel importieren.

Suchen Sie jetzt die überarbeitete Datei und lesen Sie die Daten ein.

KONFIGURATIONSPAKET ARTIKEL. Markieren Sie das Paket und wählen Sie Daten aus Excel importieren.

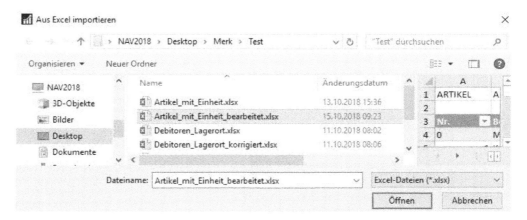

AUS EXCEL IMPORTIEREN. Wählen Sie die Excel Tabelle, aus der Sie Daten importieren wollen.

Wählen Sie öffnen, um die Daten einzulesen.

KONFIGRUATIONSPAKET ARTIKEL. Nach dem Import sehen Sie, dass 2 Tabellen in dem Paket enthalten sind mit insgesamt 12 Datensätzen.

Es werden 2 Tabellen angezeigt, das ist schon mal korrekt. Und es werden 12 Datensätze angezeigt. Zur Erinnerung: in der Tabelle Einheit hatten wir 2 Datensätze, in der Tabelle Artikel einen Musterdatensatz und 9 Fremddatensätze. Das macht in Summe 12 Datensätze, d.h. auch diese Zahl ist korrekt. Sie

FREMDARTIKEL EINLESEN

Jetzt können Sie das Paket übernehmen.

PAKET ARTIKEL ÜBERNEHMEN. Bestätigen Sie die Meldung mit ja, um die Übernahme durchzuführen.

Im Anschluss erhalten Sie eine Meldung, was übernommen wurde.

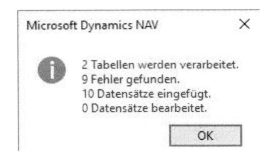

MELDUNG NACH ÜBERNAHME. Es wurden 2 Tabellen verarbeitet, 10 Datensätze eingefügt und 9 Fehler gefunden.

Offensichtlich gibt es noch ein Problem mit der Datei. Erst einmal einen Blick in die Fehlerliste werfen.

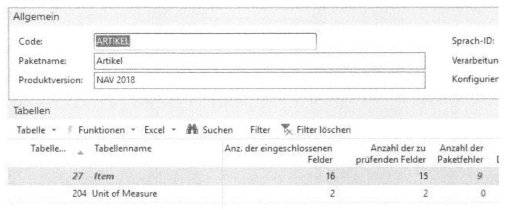

KONFIGURATIONSPAKT ARTIKEL. Öffnen Sie das Paket, um zu sehen, wo Fehler auftreten.

Fehler gibt es nur in der Tabelle Artikel. Klicken Sie auf die Anzahl Paketfehler und lassen Sie sich die Fehler anzeigen.

FREMDARTIKEL EINLESEN

PAKETFEHLER. Der Fehler sagt, es gibt einen Verkaufseinheitencode STCK, der in der Tabelle Artikeleinheit nicht gefunden wurde.

Wenn Sie sich in Microsoft Dynamics NAV noch nicht so gut auskennen, aber unbedingt Ihre Artikel einlesen wollen, dann gibt es alternativ auch die Möglichkeit, die als Fehler angezeigten Informationen aus der Importtabelle zu entfernen.

In meinem Beispiel öffne ich einfach die bearbeitete Tabelle in Excel und entferne die Werte in den Spalten Verkaufseinheit und Einkaufseinheit und lösche bei der Gelegenheit auch gleich die Zeile mit unserem Musterartikel

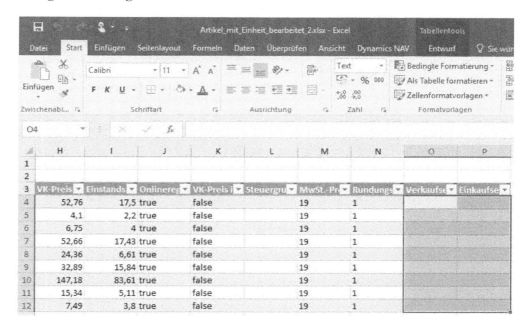

ARTIKELTABELLE KORRIGIERT. So sieht die korrigierte Tabelle aus.

Jetzt die Tabelle unter einem neuen Namen speichern und erneut importieren.

Wenn Sie die Daten aus der Excel Tabelle jetzt erneut übernehmen, zeigt die folgende Meldung, dass 11 Datensätze bearbeitet wurden. Das sieht schon mal vielversprechend aus.

FREMDARTIKEL EINLESEN

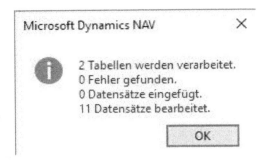

HINWEIS. Bei unserem Hinweise werden zumindest keine Fehler angezeigt.

Bestätigen Sie die Meldung mit OK und rufen Sie im Anschluss direkt den Artikelstamm auf, um das Ergebnis zu prüfen.

SUCHFENSTER. Ich gebe einfach Artikel im Suchfenster ein und wähle gleich die erste Position aus.

Wegen der besseren Lesbarkeit habe ich die Spalten in meiner Übersicht ein wenig angepasst. Für einen ersten Schnellimport sieht das Ergebnis schon mal gut aus.

TABELLE ARTIKEL. So sieht die Tabelle nach unserem 2. Import aus.

In der Praxis sind hier natürlich deutlich mehr Abstimmarbeiten erforderlich. Aber die Übung hat Ihnen einen ersten Eindruck vermittelt, wie die Arbeit mit RapidStart grundsätzlich funktioniert.

Und ich hoffe, Sie hatten ein erstes Erfolgserlebnis. ☺

FREMDARTIKEL EINLESEN

Lernzielkontrolle

☺ **Testen Sie Ihr Wissen**

1) Können Sie mehrere Tabellen auf einmal in einer einzigen Excel Tabelle in Microsoft Dynamics NAV einlesen?

2) Was ist zu beachten, wenn Sie eine aus NAV nach Excel exportierte Tabelle in Excel bearbeiten und anschließend wieder in NAV importieren wollen?

3) Wie können Sie beim Export einer Tabelle im Konfigurationspaket die Zahl der Datenfelder einschränken?

4) Warum ist es sinnvoll, vor dem Datenexport einer Tabelle nach Excel wenigstens einen Musterdatensatz anzulegen?

5) Welche Möglichkeiten haben Sie, Fehler beim Import von Fremddaten zu korrigieren?

6) Warum ist es so wichtig, die einzelnen Schritte beim Datenimport sauber zu dokumentieren?

Praktische Übungen

 Tastaturübungen

1) Legen Sie einen Musterartikel an.

2) Erstellen Sie ein neues Konfigurationspaket Artikel.

3) Ergänzen Sie in diesem Pakte die Tabelle Einheiten.

4) Exportieren Sie die Daten nach Excel.

5) Arbeiten Sie die Fremdartikel in diese Tabelle ein.

6) Importieren Sie die Excel Tabelle mit den Datensätzen aus dem Fremdsystem.

7) Prüfen Sie die importierten Daten.

8) Ändern Sie die Daten in Ihrer Excel Tabelle, so wie im Kapitel beschrieben, und importieren Sie die Daten erneut.

9) Prüfen Sie Ihr Ergebnis in der Tabelle Artikel.

FREMDARTIKEL EINLESEN

Zum Abschluss dieses Kapitels noch einige wichtige Punkte, die Sie beim Import von Artikeln im Vorfeld klären/prüfen sollten:

- Wie viele Preislisten gibt es?
- Welche Mengeneinheiten werden genutzt?
- Welche Verpackungseinheiten gibt es?
- Kommt es zu Umrechnungen verschiedener Mengenformate, wie z.B. Liter in Kilogramm?
- Gibt es Sonderpreise?
- Gibt es unterschiedliche Preiseinheiten?
- Werden unterschiedliche Sprachen genutzt?
- Wie sieht die Lagerhaltung aus?
- Gibt es Sperrlager?
- Liegt Eigenproduktion vor?
- Gibt es eine Zu- oder Abschlagskalkulation?
- Gibt es Artikel mit Seriennummern?
- Gibt es Chargen?
- Gibt es ein Katlogsystem?
- Gibt es Artikelbilder?
- Gibt es Zusatzdaten, wie Zeichnungen oder Ursprungszeugnis?
- Welche gesetzlichen Auflagen sind im Umgang mit den Artikeln zu beachten (z.B. Gefahrgut, Kühlkette, …) ?

Das ist nur eine kleine Ideensammlung. Erstellen Sie bei der Übernahme von Stammdaten grundsätzlich ein kleines Pflichtenheft und stimmen Sie das im Vorfeld mit der Fachabteilung ab. Das spart unterm Strich Zeit und Nerven.

Kapitel 10

Buchungen importieren

Beim Import von Buchungen mit Hilfe von RapidStart sind einige Besonderheiten zu beachten.

Wenn Sie Saldenvorträge per RapidStart importieren wollen, empfiehlt es sich, zunächst einen Test durchzuführen. In der Regel stellt sich diese Thematik, wenn Sie die Finanzbuchhaltung aus einem Fremdsystem nach Microsoft Dynamics NAV Financials übernehmen wollen.

Grundsätzlich empfehle ich Ihnen, für die Saldenvorträge für Debitoren, Kreditoren und Sachkonten jeweils ein eigenes Buchblatt anzulegen und für jede dieser Gruppen einen eigenen Import zu definieren.

Das erleichtert den Import und vor allem erleichtert es die Abstimmung der Daten. Ich werde mit Ihnen im Folgenden exemplarisch einen Datenimport für Saldenvorträge erstellen und Ihnen dann eine Checkliste zur Verfügung stellen, was beim Import von den offenen Posten Debitoren und Kreditoren zusätzlich zu beachten ist.

Praxistipp

Da häufig die Personen, die einen RapidStart Import erstellen, keine Buchhalter sind, ist es extrem wichtig, sich hier sehr eng mit der Buchhaltung abzustimmen. Tragen Sie Sorge dafür, dass der Import genau abgestimmt und schriftlich protokolliert wird. Nicht, dass es später heißt: die Daten waren ja schon beim Import nicht korrekt oder unvollständig.

Konfigurationspaket Saldovortrag

Wir erstellen ein neues Konfigurationspaket für ein Buchblatt. Dieses Buchblatt wird dann im Anschluss nach Excel exportiert und mit den Saldenvortragsbuchungen aus dem Fremdsystem befüllt. Dabei werde ich Ihnen zeigen, dass es durchaus Sinn machen kann, das Konfigurationspaket noch einmal nachzuarbeiten, wenn Sie sehen, dass es noch nicht optimal konfiguriert ist.

Praxistipp

Hier gilt: nur die Felder mitnehmen, die unbedingt erforderlich sind. Sonst machen Sie sich unnötige Arbeit.

Öffnen Sie wieder RapidStart Services und wählen Sie Konfigurationspakete.

KONFIGURATIONSPAKET SALDOVORTRAG

PAKTEKARTE KONFIGURIEREN. Legen Sie ein neues Konfigurationspaket für Saldenvorträge an.

Als nächstes benötigen wir die erforderliche Tabelle, in der die Buchungszeilen geschrieben werden. Wir suchen einfach mal nach dem Begriff Buch (für Buchblatt).

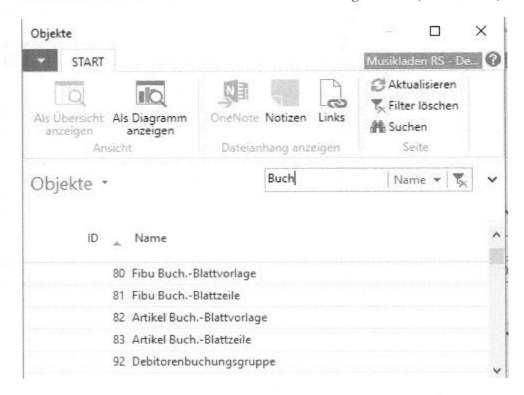

OBJEKTE. Wählen Sie die Tabelle 81 Fibu Buchblatt Blattzeile aus.

Wir benötigen nur die Tabelle 81, sofern wir ein vorhandenes Buchblatt verwenden. Wenn Sie im Büro für Ihren Kunden ein Konfigurationspaket erstellen wollen, müssen Sie auch die dazugehörige Fibu Buchblatt Blattvorlage mit exportieren oder später im Zielsystem manuell anlegen.

Aus meiner Praxiserfahrung heraus empfehle ich Ihnen, das Konfigurationspaket im Kundensystem zu erstellen. Dann haben Sie exakt die Vorlagen und Konten, die beim Kunden eingerichtet sind und vermeiden so zusätzliche Fehler und Probleme bei der Abstimmung.

KONFIGURATIONSPAKET SALDOVORTRAG

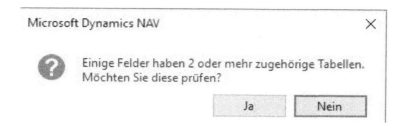

HINWEIS AUF ZUGEHÖRIGE TABELLEN. Beantworten Sie die Frage mit ja und prüfen Sie, welche verknüpften Tabellen hier vorhanden sind.

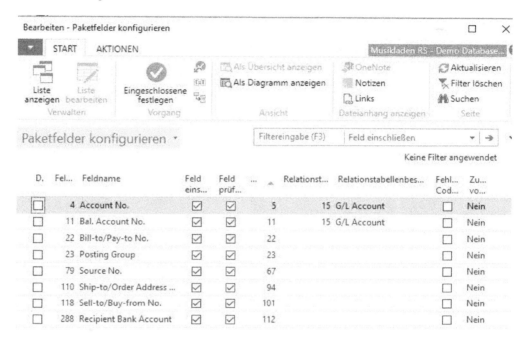

TABELLE MIT VERBINDUNG ZUR BUCHBALTTZEILE. Elementar ist die Kontonummer.

Das wichtigste beim Import von Buchungen aus Fremdsystemen ist, dass der Kontenplan im Vorfeld abgestimmt wird. Sonst haben Sie später jede Menge Fehlermeldungen wegen nicht vorhandener Konten.

PAKTEKARTE KONFIGURIEREN. In unserem Beispiel beschränken wir uns auf die Buchblattzeilen.

Im nächsten Schritt müssen wir die Auswahl der Felder einschränken.

TABELLE FELDER. Wählen Sie Felder, um die Anzahl der Felder auf ein Minimum zu beschränken.

Im ersten Schritt habe ich 15 Felder ausgewählt. Sie können sich an der folgenden Liste orientieren.

TABELLE FELDAUSWAHL. So sieht die Tabelle mit den von mir ausgewählten Feldern aus.

In der Praxis kann es durchaus sein, dass Sie bei sich mehr Felder benötigen. Das hängt von Ihrem Datenbestand und Ihrer Arbeitsweise ab. Auf einige Besonderheiten werde ich am Ende dieses Kapitels bei meiner Checkliste noch eingehen.

Wichtig sind immer zwei Fragen für die Auswahl von Feldern:

- Benötige ich das Feld für den Import?

- Liefert mir das Fremdsystem die benötigte Information mit?

KONFIGURATIONSPAKET SALDOVORTRAG

Code	Paketname	Sprac...	Produktve...	Vera...	Kon... Tab...	Anzahl Tabellen	Anzahl Datensätze
ARTIKEL	Artikel	1031	NAV 2018	0	☐	2	0
DEBITOREN	Debitoren	1031	NAV 2018	0	☑	26	612
DIMENSIONEN	Dimensionen	1031	NAV 2018	0	☐	13	100
FINANCE_BASICS SKR03	temporäre Einrichtung...	1031		0	☐	41	35
SALDENVORTRAG	Saldenvortrag	1031		0	☑	0	0

KONFIGURATIONSPAKT SALDOVORTRAG. So sieht unser neues Konfigurationspaket aus.

Wenn Sie genau hinschauen, fällt Ihnen vielleicht auf, dass ich bei diesem Konfigurationspaket die Produktversion nicht eingegeben habe. Bemühen Sie sich, hier sorgfältig zu arbeiten, denn auf Dauer erleichtert Ihnen eine gute und vollständige Dokumentation das Leben. Auch, wenn es mach Mal ein wenig Überwindung kostet.

Musterbuchungen erfassen

Um unser neues Konfigurationspaket sinnvoll nutzen zu können, erfassen wir zunächst 2 Musterbuchungen für Saldenvorträge. Um es nicht unnötig zu komplizieren, verwende ich dazu das Standardbuchblatt[22]. Hier geht es ja zunächst einmal darum, grundsätzlich den Weg zu verstehen und einen roten Faden zu haben für die wichtigsten Abläufe.

Geben Sie Fi Bu für Fibu Buchblatt im Suchfenster ein. Wenn Sie aus einem anderen System kommen: Das Fibu Buchblatt entspricht der Buchungserfassung.

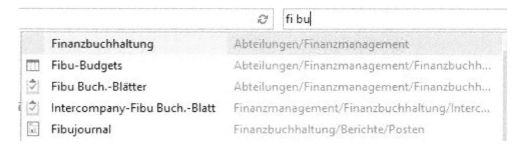

FINANZBUCHHALTUNG. Wählen Sie Fibu Buch.-Blätter aus.

Alternativ können Sie sich natürlich gerne durch das Menü bewegen. Das hat den Vorteil, dass Sie die Struktur des Menüs besser kennenlernen. Wählen Sie einfach den Weg, mit dem Sie persönlich am besten zu Recht kommen.

---

[22] Gerade bei größeren Datenbeständen empfehle ich Ihnen, für jede Art von Saldenvortrag, Sachkonten, Debitoren und Kreditoren jeweils ein eigenes Buchblatt anzulegen. Darüber hinaus würde ich auch jeweils einen Ursachencode eintragen, damit Sie später leichter nachvollziehen können, welche Buchungen importiert wurden und welche Buchungen manuell im System erfasst wurden.

MUSTERBUCHUNGEN ERFASSEN

FIBU BUCH.-BLATT. Beim Aufruf landen Sie automatisch in der Buchblattvorlage Standard.

Wenn Sie nur Saldenvorträge Sachkonten erfassen wollen, sollten Sie zumindest je ein Beispiel für ein Aktivkonto und ein Passivkonto erfassen. Nur so sehen Sie später in der Tabelle wichtige Besonderheiten bei der Buchungserfassung.

Ich erfasse im Folgenden je eine Buchung für den Saldovortrag Kasse und den Saldovortrag Eigenkapital:

Kasse an Saldovortrag EUR 2.250,00

Saldovortrag an Eigenkapital EUR 50.000

BUCHBLATT. So sehen meine beiden Beispielbuchungen aus.

Speichern Sie Ihre Musterbuchungen ab. Im nächsten Schritt werden wir jetzt diese Buchungen als Vorlage nach Excel exportieren.

Saldenvortrag nach Excel exportieren

Jetzt können wir unsere beispielhaft erfassten Saldenvorträge nach Excel exportieren und die Tabelle anschließend mit den Buchungen aus dem Fremdsystem ergänzen.

Wenn Sie die Tabelle in mehreren Schritten verändern und bearbeiten, empfehle ich Ihnen regelmäßige Zwischensicherungen. Und eine kleine Dokumentation. Oft bekommen Sie die finalen Daten erst zu einem späteren Zeitpunkt und müssen die Arbeit dann noch einmal machen.

SALDENVORTRAG NACH EXCEL EXPORTIEREN

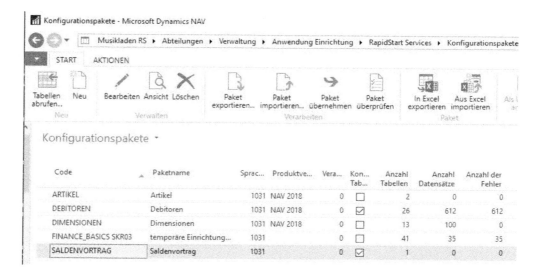

KONFIGURATIONSPAKETE. Markieren Sie das Paket Saldenvortrag und wählen Sie: In Excel exportieren.

ABFRAGE. Beantworten sie die Frage mit ja, um den Export zu starten.

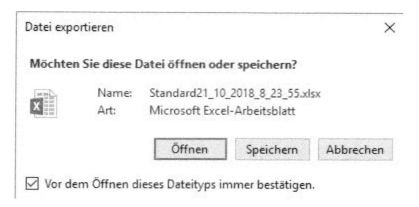

TABELLE ÖFFNEN. Speichern Sie die Tabelle zunächst unter einem neuen Namen.

Verwenden Sie sprechende Namen und legen Sie bei Bedarf ein eigenes Verzeichnis für den Import von Fremddaten an.

Ich nenne die Excel Tabelle der Einfachheit halber Saldovortrag[23].

---

[23] Optional können Sie die Datenbestände zu unseren Schulungsunterlagen auf unserer Internetseite www.schulbuch.website bestellen. Die Lieferung erfolgt dann auf CD.

SALDENVORTRAG NACH EXCEL EXPORTIEREN

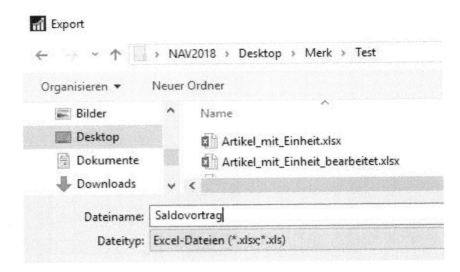

TABELLE SPEICHERN. Vergeben Sie einen sprechenden Namen für die Datei.

Jetzt können Sie die Tabelle in Excel öffnen. Damit die Screenshots besser lesbar sind, habe ich die Tabelle in 2 Teile aufgeteilt. Zur besseren Orientierung ist die Spalte Belegnummer jeweils als letzte und als erste Spalte (also doppelt) vorhanden.

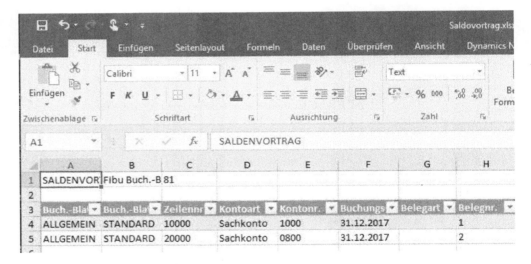

TABELLE SALDOVORTRAG 1. Hier die ersten Felder der Tabelle.

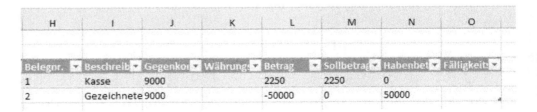

TABELLE SALDOVORTRAG 2. Hier die restlichen Felder.

Zunächst möchte ich Ihnen an Hand dieser Tabelle einige Besonderheiten erklären, die für den Import von Buchungen wichtig sind. Im Anschluss werden wir dann das Konfigurationspaket nochmals überarbeiten, bevor wir die Fremddaten ergänzen.

SALDENVORTRAG NACH EXCEL EXPORTIEREN

Zum besseren Verständnis, insbesondere für „Nichtbuchhalter" die einzelnen Felder in der von mir erstellten Tabelle:

Buchblatt Vorlage: Eine Vorgabe für einzelne Buchblätter und gleichzeitig eine Zusammenfassung. Ähnlich einem Leitzordner mit Register. Innerhalb einer Vorlage können Sie beliebig viele Buchblätter anlegen.

Buchblatt Name: Der Name eines Buchblatts. Sie können für einzelne Themen, wie Saldenvortag Sachkonten oder einzelne Personen, wie Buchblatt Jörg Merk jeweils eigene Buchblätter anlegen. Innerhalb eines Buchblatts kann immer nur eine Person arbeiten, niemals mehrere gleichzeitig.

Zeilennummer: Die Nummer der einzelnen Buchungszeile; wird in der Regel in 10.000er Schritten vom Programm automatisch weitergezählt. Wird zwischendurch eine Zeile nachträglich eingefügt, wird ein halber Schritt gezählt, d.h. wenn Sie zwischen 10.000 und 20.000 eine Zeile einfügen, erhält diese die Nummer 15.000.

Kontoart: Hier wird unterschieden zwischen Sachkonto, Debitor und Kreditor.

Kontonummer: Die Nummer des Kontos laut Kontenplan.

Buchungsdatum: Datum der Buchung (bei Saldenvorträgen Sachkonten in der Regel der 31.12. des Vorjahres)

Belegart: Hier wird unterschieden zwischen Rechnung, Gutschrift, Zahlung und Ausgleich. Dahinter liegen spezielle Funktionalitäten im Programm.

Belegnummer: Hier ist die interne Belegnummer gemeint; einfach chronologisch hochzählen (1, 2, 3, …)

Beschreibung: In der Beschreibung zeigt das Programm die Kontenbezeichnung an; kann mit einem Buchungstext überschrieben werden.

Gegenkonto: Das Gegenkonto unserer Buchung.

Währung: Nur erforderlich, wenn in Fremdwährung gebucht werden soll.

Betrag: Buchungsbetrag. Bei Buchungen in EUR mit 2 Nachkommastellen. Soll und Haben wird hier über das Vorzeichen unterschieden. Sollbetrag ist positiv, Habenbetrag negativ (Eingabe mit Minus).

Sollbetrag: Betrag, der im Soll gebucht wird.

Habenbetrag: Betrag, der im Haben gebucht wird.

Fälligkeit: Fälligkeit des Betrages; nur bei Deb-itoren und Kreditorenbelegen erforderlich.

Für die reine Erfassung der Saldenvorträge Sachkonten ohne Fremdwährung können folgende Felder entfallen: Belegart, Währung, Sollbetrag, Habenbetrag.

Da es die Arbeit für das Einfügen der Fremdbuchungen deutlich erleichtert, werde ich das Konfigurationspaket entsprechend anpassen.

© New Earth Publishing

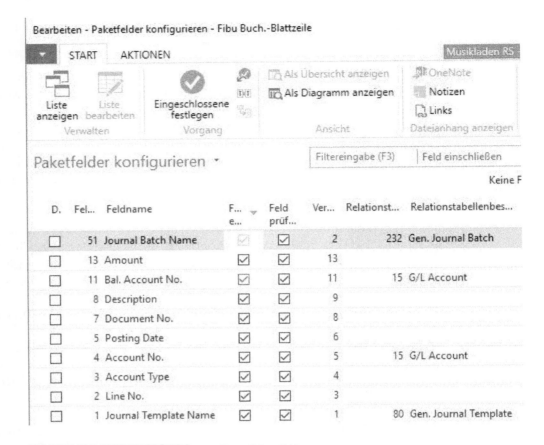

TABELLE 81 VERSION 2. Hier die restlichen Felder.

Jetzt sind noch zehn Felder übrig, das macht die ganze Angelegenheit deutlich übersichtlicher. Ich werde die verkürzte Tabelle jetzt nochmals nach Excel exportieren und unter dem Namen Saldovortrag2 speichern.

KONFIGURATIONSPAKET SALDOVORTRAG 2. Hier die restlichen Felder.

Wie Sie in dem folgenden Screenshot sehen, ist die neue Tabelle nochmals deutlich übersichtlicher geworden.

SALDENVORTRAG NACH EXCEL EXPORTIEREN

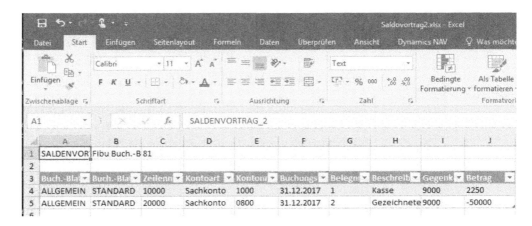

EXCEL TABELLE SALDOVORTRAG 2. Das ist die verkürzte Tabelle.

In diese Tabelle werden jetzt die Saldenvorträge aus dem Fremdsystem eingefügt.

Saldenvorträge aus Fremdsystem ergänzen

Jetzt können Sie die Buchungen aus dem Fremdsystem in der Excel Tabelle ergänzen und anschließend wieder nach Microsoft Dynamics NAV importieren. Achten Sie darauf, die Spalten korrekt zu ergänzen. Ich zeige Ihnen am Ende nur noch meine fertige Tabelle mit den Saldenvortragswerten aus meinen Schulungsunterlagen für Microsoft Dynamics NAV 2018 Financials.

EXCEL TABELLE SALDOVORTRAG. Das ist die Tabelle mit den eingearbeiteten Buchungen.

Bitte beachten Sie, dass dies nur exemplarische Buchungen sind. Es fehlen hier z.B. die Werte für die Forderungen und Verbindlichkeiten. Hier geht es ja nicht um einen kompletten Buchungsimport, sondern darum, die technische Vorgehensweise zu verstehen.

Ich speichere diese Tabelle jetzt mit dem Namen Saldovortrag 3 und importiere diese Tabelle dann im nächsten Kapitel.

Saldenvorträge importieren

Jetzt können Sie die Tabelle mit den Saldenvorträgen nach Microsoft Dynamics NAV importieren und abstimmen.

Machen Sie unbedingt im Testsystem eine Buchungsverarbeitung und stimmen Sie im Anschluss die Summen- und Saldenlisten mit den Listen aus dem Fremdsystem ab, bevor Sie mit der Echtübernahme der Daten beginnen.

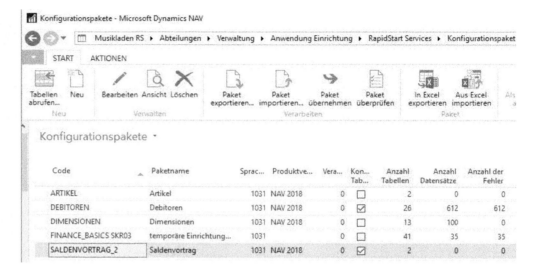

KONFIGURATIONSPAKETE. Wählen Sie Saldenvortrag_2 und anschließend „Aus Excel importieren".

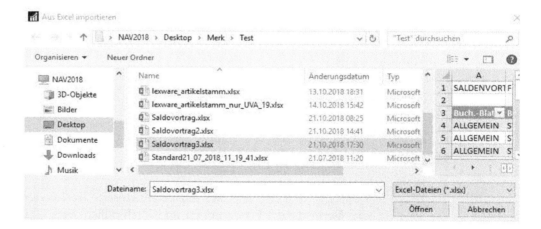

EXCEL TABELLE SALDOVORTRAG 3. Wählen Sie unsere Tabelle Saldenvortrag 3 mit den Saldenvorträgen aus dem Fremdsystem.

PAKET PRÜFEN. Prüfen Sie das Paket vorab auf Fehler.

SALDENVORTRÄGE IMPORTIEREN

Da in meinem Beispiel bei der Prüfung keine Fehler auftreten, wähle ich im nächsten Schritt Paket übernehmen.

SICHERHEITSFRAGE. Beantworten Sie die Frage mit ja, um die Daten aus dem Paket zu übernehmen.

Im Anschluss erhalten Sie eine Meldung, wie viele Datensätze eingefügt wurden und ob dabei Fehler aufgetreten sind.

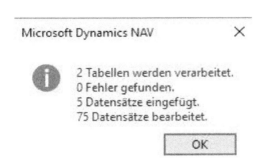

IMPORTMELDUNG. Lesen Sie die Meldung genau, bevor Sie mit OK bestätigen.

Öffnen Sie im Anschluss das Fibu Buchblatt, um die importierten Buchungen zu kontrollieren.

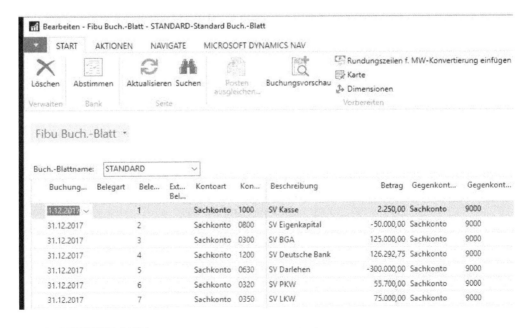

FIBU BUCHBLATT. Im Fibu Buchblatt stehen jetzt 7 Buchungen.

SALDENVORTRÄGE IMPORTIEREN

Um jetzt buchhalterisch zu prüfen, ob die Buchungen verarbeitet werden können, wählen Sie die Buchungsvorschau.

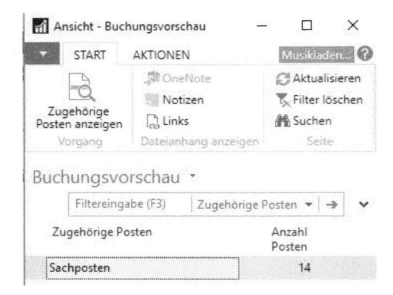

BUCHUNGSVORSCHAU. Bei der Buchungsvorschau werden 14 Sachposten angezeigt.

Klicken Sie auf die 14, um die erzeugten Sachposten zu prüfen.

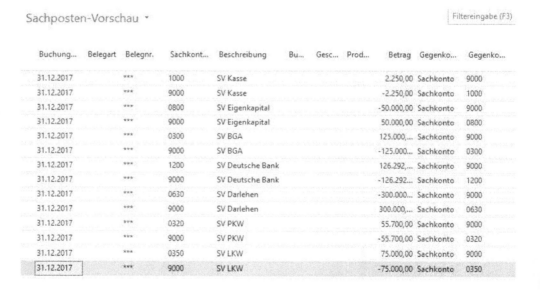

SACHPOSTENVORSCHAU. So sehen die vollständigen Sachposten aus, die durch unsere Saldenvortragsbuchungen erzeugt werden.

In unserem Beispiel lassen sich alle Buchung fehlerfrei verarbeiten. In der Praxis würden Sie jetzt nach der Buchungsverarbeitung eine Saldenliste drucken und mit der Summen- und Saldenliste aus dem Fremdsystem abstimmen.

Checkliste für den Buchungsimport

Die nachfolgende Checkliste gibt Ihnen eine beispielhafte Orientierung für den Import von Saldenvorträgen und Besonderheiten, die ev. zu beachten sind.

Sie benötigen für die Übernahme der Saldenvorträge in NAV folgende Unterlagen:

- Summen- und Saldenlisten Sachkonten, Debitoren und Kreditoren zum Stichtag
- Offene Posten Liste Debitoren
- Offene Posten Liste Kreditoren

Idealerweise legen Sie 3 verschiedene Buchblätter an und übernehmen Sie die Daten in getrennten Läufen.

Wichtige Vorarbeiten:

- Prüfen Sie an Hand der Summen- und Saldenliste, ob alle Sachkonten mit einem Saldo vorhanden sind.
- Prüfen Sie an Hand der OP-Listen, ob alle Debitoren und Kreditoren angelegt sind.

Importieren Sie die Saldenvorträge Sachkonten. Machen Sie eine Buchungsvorschau und verarbeiten Sie die Buchungen. Drucken Sie eine Summen- und Saldenliste und stimmen Sie diese mit dem Fremdsystem ab.

Stornieren Sie die Werte auf den Forderungssammelkonten.

Importieren Sie die Offenen Posten Debitoren. Machen Sie eine Buchungsvorschau und verarbeiten Sie die Buchungen. Drucken Sie eine Saldenliste Debitoren und stimmen Sie diese ab. Wenn alles passt machen Sie Stichproben bei den Offenen Posten.

 Wichtig

Denken Sie daran, dass Sie bei den Offenen Posten auch die Fälligkeit und die Zahlungskonditionen benötigen.

Stornieren Sie die Werte auf den Verbindlichkeitssammelkonten.

Importieren Sie die Offenen Posten Kreditoren. Machen Sie eine Buchungsvorschau und verarbeiten Sie die Buchungen. Drucken Sie eine Saldenliste Kreditoren und stimmen Sie diese ab. Wenn alles passt machen Sie Stichproben bei den Offenen Posten.

Stimmen Sie erneut die Saldenliste Sachkonten ab.

Drucken Sie eine Bilanz und stimmen Sie die Werte ab.

Hier noch einige Anregungen für Besonderheiten, die auftreten können:

- Wenn Sie historische Werte für den Vorjahresvergleich haben wollen, können Sie für die GuV-Konten die Monatsverkehrszahlen übernehmen. In diesem Fall sollten Sie die Monatsverkehrszahlen für alle Sachkonten einlesen.

- Wenn Sie mit Kostenstellen arbeiten, klären Sie vorab, ob die Kostenstellen für den Import der Offenen Posten erforderlich sind, um im Falle einer Skontierung der Rechnung im Folgejahr auch die Kostenrechnung zu korrigieren.

- Dokumentieren Sie die Datenübernahme schriftlich mit Protokoll und zeichnen Sie die Listen ab (Vier-Augen-Prinzip).

- Erstellen Sie eine Datensicherung, bevor Sie mit Ihrer Arbeit im Programm beginnen und archivieren Sie diese.

Lernzielkontrolle

☺ **Testen Sie Ihr Wissen**

1) Warum sollten Sie für den Import von Saldenvorträgen für Debitoren, Kreditoren und Sachkonten jeweils eigene Konfigurationspakete erstellen?

2) Wann übernehmen Sie üblicherweise Saldenvorträge nach NAV?

3) Wofür ist es sinnvoll, Monatsverkehrszahlen zu übernehmen?

4) Warum ist die Dokumentation so wichtig?

5) In welchem Geschäftsjahr lesen Sie die Saldenvorträge ein?

Praktische Übungen

 Tastaturübungen

1) Erstellen Sie ein Buchblatt für die Erfassung von Saldenvorträgen für Sachkonten.

2) Erfassen Sie wenigstens 2 Musterbuchungen (aktiv und passiv).

3) Erstellen Sie ein Konfigurationspaket für das Buchblatt SV Sachkonten.

4) Exportieren die Daten nach MS Excel.

5) Ergänzen Sie wenigstens 2 weitere Buchungen.

6) Importieren Sie das geänderte Paket und prüfen Sie die Daten.

Kapitel 11

Tipps und Tricks

Zum Abschluss noch ein paar Tipps, die Ihnen die Arbeit im NAV 2018 erleichtern.

Es gibt eine ganze Reihe von hilfreichen Einstellungen im Programm, die ein schnelleres und bequemeres Arbeiten ermöglichen. Einige davon werde ich Ihnen in diesem Kapitel vorstellen.

Der rollenbasierte Arbeitsplatz

Neben der Möglichkeit, mit in Microsoft Dynamics NAV vordefinierten Rollen zu arbeiten, haben Sie natürlich die Möglichkeit, sich Ihren Arbeitsplatz individuell einzurichten. Dazu können Sie z.B. im Menüband auch eigene Registerkarten und Gruppen erstellen.

Mit Menüband anpassen können Sie auch eigene Gruppen erstellen.

MENÜ ANPASSEN. Drücken Sie im Menü auf die rechte Maustaste und wählen Sie: Menüband anpassen.

In der Anfangsphase ist die Anpassung mit Sicherheit ein wenig gewöhnungsbedürftig, aber es lohnt, sich mit der Thematik auseinanderzusetzen. Mit einer genau auf Ihre Bedürfnisse zugeschnittenen Menüführung können Sie auf Dauer deutlich schneller und effizienter arbeiten.

Und das schöne dabei: Mit der Zeit fängt es an, Spaß zu machen mit dem Programm mehr zu machen, als nur Daten rein zu klopfen.

Wenn Sie fit sind im Thema, unterstützen Sie Ihre Kollegen; die freuen sich, denn nicht jedem geht diese Art der Arbeit so leicht von der Hand.

DER ROLLENBASIERTE ARBEITSPLATZ

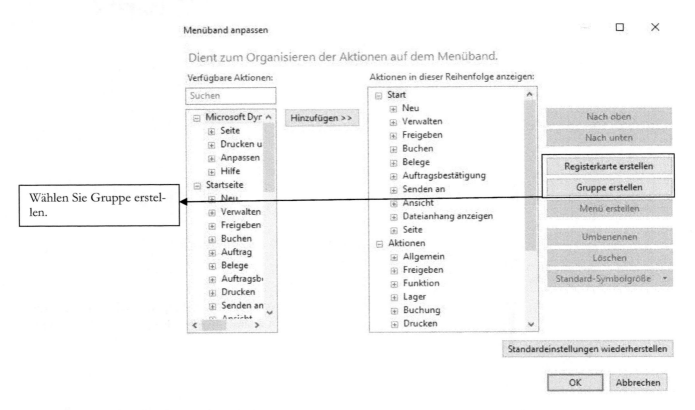

MENÜBAND. Hier können Sie bestehende Menüpunkte ein- und ausblenden und neue Registerkarten und Gruppen erstellen.

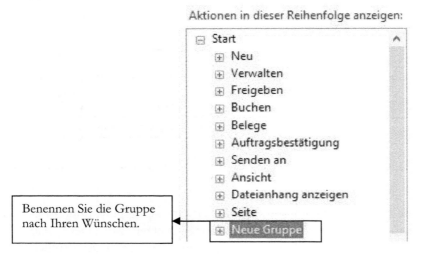

MENÜBAND NEUE GRUPPE. Wenn Sie eine neue Gruppe anlegen, dann besser gleich einen Eintrag dazu erstellen, sonst sehen Sie die Gruppe nicht.

Bitte beachten Sie, dass die neue Gruppe im Menü erst sichtbar ist, wenn sie wenigstens einen Eintrag enthält. Leere Gruppen werden im Menü nicht angezeigt.

DATENSICHERUNG

Datensicherung

Im Standard sollten Sie eine regelmäßige Datensicherung auf dem Micorsoft SQL-Server einrichten. Stimmen Sie das Datensicherungskonzept mit Ihrem Administrator ab.

Zusätzlich besteht die Möglichkeit, am Microsoft Dynamics NAV Client eine Datensicherung zu erstellen, eine so genannte Mandantensicherung[24].

Die Mandantensicherung erfolgt unter: **Abteilungen → Verwaltung → IT-Verwaltung → Allgemein →Aufgaben → In eine Datendatei exportieren**.

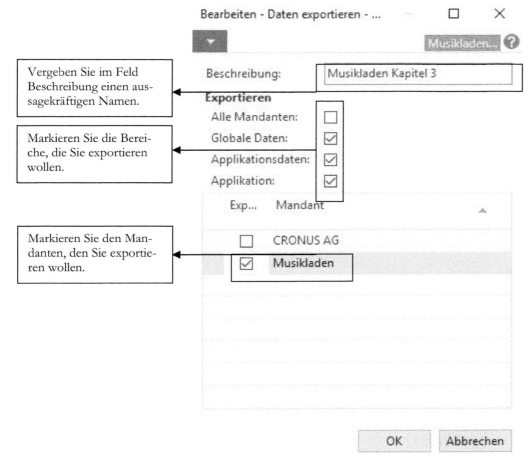

Vergeben Sie im Feld Beschreibung einen aussagekräftigen Namen.

Markieren Sie die Bereiche, die Sie exportieren wollen.

Markieren Sie den Mandanten, den Sie exportieren wollen.

DATEN EXPORTIEREN. Hier können Sie wahlweise einzelne oder alle Mandanten im laufenden Betrieb sichern.

---

[24] Ich habe bei der Erstellung meiner Schulungsunterlagen für die einzelnen Kapitel jeweils eine Mandantensicherung erstellt. Diese können Sie als Ergänzung zu meiner Schulungsunterlage unter www.schulbuch.website bestellen oder formlos per Mail an jm@newearthpublishing.de . Lieferung per DVD ist für Firmen auch auf Rechnung möglich.

Daten werden in eine Datei exportiert...

« Merk > Financials_Daten > Applikationdaten

Dateiname: Musikladen Kapitel 3.navdata
Dateityp: NAV-Datendatei(*.navdata)

DATEINAME. Wählen Sie ein Verzeichnis für die Datensicherung aus und vergeben Sie einen Dateinamen für die Sicherung.

Wählen Sie speichern, um die Datensicherung zu erstellen.

Über den Menüpunkt aus einer Datendatei importieren können Sie Ihren Datenbestand bei Bedarf wieder zurücksichern.

Übersicht verfügbarer Shortcuts

Hier habe ich eine Übersicht der gebräuchlichsten Kurzbefehle und Funktionen für Sie zusammengestellt.

NACH-RECHTS-TASTE	Wechseln zum nächsten Feld oder Zeichen
NACH-LINKS-TASTE	Wechseln zum vorherigen Feld oder Zeichen
NACH-OBEN-TASTE	Navigieren zum darüber liegenden Feld in der gleichen Spalte
NACH-UNTEN-TASTE	Navigieren zum darunterliegenden Feld in der gleichen Spalte
ENTF	Löschen des markierten Texts
ESC	Schließen des Fensters oder Rückgängigmachen der Dateneingabe
ENDE	Navigieren zum letzten Feld in einer Zeile/Spalte
POS1	Navigieren zum ersten Feld in einer Zeile/Spalte
TAB	Navigieren zum nächsten Feld in Inforegistern ohne Zeilen
EINGABETASTE	Navigieren zum nächsten bearbeitbaren Feld
F1	Hilfe
F2	Bearbeiten
F3	Auswählen der Filtereingabe (Feldfilter)
F4	Dropdown oder Lookup für Auswahl
F5	Aktualisieren des aktiven Fensters

ÜRSICHT VERFÜGBARER SHORTCUTS

F6	Navigieren zum nächsten Bereich
F7	Anzeigen der Statistik
F8	Kopieren des darüber liegenden Felds
F9	Buchen
F10, ALT	Auswählen der Menüleiste und Anzeigen von Tastenkombinationen
F12	Auswählen des Navigationsbereichs
UMSCHALT+F1	Anzeigen von Fehlermeldungen
UMSCHALT+F3	Auswählen der Ergebnisanzeige (FlowFilter)
UMSCHALT+F6	Navigieren zum vorherigen Bereich
UMSCHALT+F7	Öffnen der entsprechenden Karte
UMSCHALT+F9	Buchen und drucken
UMSCHALT+F10	Anzeigen eines Kontextmenüs
UMSCHALT+F11	Ausgleichen von Posten, Abrufen von Herkunftsbelegen oder Abrufen von Logistikbelegen
UMSCHALT+F12	Öffnen des Rollencenters vom Navigationsbereich aus
UMSCHALT+TAB	Navigieren zum vorherigen Feld
STRG+F3	Auswählen von Suchen von Seiten
STRG+F4	Lookup für zugehörige Liste
STRG+F7	Anzeigen von Posten
STRG+F9	Freigeben eines Belegs
STRG+F10	Auswählen des Aktionsbereichs und Anzeigen von Auswahltasten
STRG+F11	Abstimmen oder Aufteilen von Zeilen
STRG+F12	Auswählen der Adressleiste
STRG+C	Kopieren
STRG+E	Exportieren nach Microsoft Office Excel
STRG+L	Anzeigen von Links
STRG+N	Erstellen eines neuen Datensatzes
STRG+O	Öffnen des Mandanten
STRG+P	Drucken
STRG+T	Auswählen von Sortierung
STRG+V	Einfügen
STRG+W	Exportieren nach Microsoft Office Word

ÜRSICHT VERFÜGBARER SHORTCUTS

STRG+X	Ausschneiden
STRG+Z	Rückgängig machen
STRG+BILD-AB	Anzeigen des nächsten Belegs bzw. der nächsten Karte in einer Liste
STRG+BILD-AUF	Anzeigen des vorherigen Belegs bzw. der vorherigen Karte in einer Liste
STRG+NACH-OBEN-TASTE	Navigation nach oben, wobei die Auswahl der ausgewählten Zeile erhalten bleibt
STRG+NACH-UNTEN-TASTE	Navigation nach unten, wobei die Auswahl der ausgewählten Zeile erhalten bleibt
STRG+NACH-LINKS-TASTE	Navigieren zum ersten Feld in einer Zeile
STRG+NACH-RECHTS-TASTE	Navigieren zum letzten Feld in einer Zeile
STRG+ALT+F1	Öffnen des Fensters "Info zu dieser Seite bzw. diesem Bericht" (Zoom)
STRG+ENTF	Löschen der ausgewählten Zeile
STRG+POS1	Navigieren zur ersten Zeile in einer Liste
STRG+ENDE	Navigieren zur letzten Zeile in einer Liste
STRG+EINGABETASTE	Speichern und Schließen des Fensters (entspricht dem Klicken auf "OK")
STRG+EINFG	Einfügen einer neuen Zeile
STRG+UMSCHALT+F3	Auswählen von Summenberechnung einschränken auf (Tabellenfilter)
STRG+UMSCHALT+A	Löschen aller Filter
STRG+UMSCHALT+C	Öffnen einer neuen Karte
STRG+UMSCHALT+D	Anzeigen von Dimensionen
STRG+UMSCHALT+K	Bearbeiten von Listen
STRG+UMSCHALT+L	Anzeigen von Listen
STRG+UMSCHALT+Q	Reduzieren/Erweitern einer Zeile in einer Hierarchie
STRG+UMSCHALT+V	Öffnen einer Karte oder eines Belegs im Ansichtsmodus
STRG+UMSCHALT+W	Öffnen einer Listen in einem gesonderten Fenster
STRG+UMSCHALT+EINGABETASTE	Speichern und Schließen des Fensters und Öffnen eines neuen Fensters
ALT, F10	Auswählen der Menüleiste und Anzeigen von

ÜRSICHT VERFÜGBARER SHORTCUTS

	Tastenkombinationen
ALT+F3	Filtern zum Wert im Feld
ALT+F4	Schließen des Fensters oder Schließen des Programms
ALT+F6	Reduzieren oder Erweitern des aktiven Bereichs
ALT+F10	Anzeigen des Aktionsmenüs des aktiven Bereichs
ALT+A	Anzeigen des Aktionsmenüs
ALT+I	Anzeigen des Menüs "Verknüpfte Informationen"
ALT+R	Anzeigen des Menüs "Berichte"
ALT+M	Anzeigen des Microsoft Dynamics NAV-Menüs
ALT+NACH-LINKS-TASTE	Navigieren zum vorherigen Fenster in der Navigationshistorie
ALT+NACH-RECHTS-TASTE	Navigieren zum nächsten Fenster in der Navigationshistorie
ALT+EINGABETASTE	Navigieren zum Feld unten ohne Öffnen des Dropdownmenüs
ALT+TAB	Wechseln zwischen geöffneten Fenstern – generell in Windows Programmen

Kapitel 12

Partnerlösungen

In diesem Kapitel finden Sie hilfreiche Partnerlösungen.

In diesem Kapitel stelle ich Ihnen einige am Markt etablierte Partnerlösungen vor, die Sie bei der Nutzung des Programms unterstützen. Dazu gehören neben der Anbindung an DATEV vor allem professionelle Schulungen und Auswertungen.

DATEV-Schnittstelle

Die zertifizierte Schnittstelle zum Austausch von Buchungs- und Stammdaten zwischen Microsoft Dynamics NAV und DATEV von der SIEVERS-GROUP[25].

Bereits vor über 10 Jahren wurde von dem zertifizierten Microsoft ERP-Gold-Partner SIEVERS-GROUP eine DATEV-Schnittstelle für Anwender des ERP-Systems Microsoft Dynamics NAV entwickelt. Als branchenunabhängige Spezial-Lösung wandelt sie die entsprechenden Daten aus Dynamics NAV automatisch in ein DATEV-gerechtes Format um und ermöglicht so eine direkte, reibungslose Datenübertragung (per Datenträger, E-Mail oder DFÜ) in die Finanzbuchhaltung des Steuerberaters. Selbstverständlich ist auch ein Datentransfer in umgekehrter Richtung möglich, bei dem Buchungen aus DATEV[26] importiert werden.

Bezüglich der Umsatzsteuer besteht bei jedem Export aus Dynamics NAV die Wahlmöglichkeit zwischen zwei Verfahren:

- Buchungen ohne Steuerschlüssel und unter Abschaltung der DATEV-Funktion „Automatische Errechnung der Steuer" (Netto-Methode)

- Buchungen unter Einschluss der Umsatzsteuer mit Steuerschlüsseln (Brutto-Methode)

Durch die vollständige Integration in Dynamics NAV ist eine sichere Übertragung gewährleistet; jede Datenübernahme wird protokolliert.

---

[25] SIEVERS-GROUP, Hans-Wunderlich-Str. 8, 49078 Osnabrück, www.sievers-group.com

[26] Der Austausch funktioniert auch mit anderen Buchhaltungsprogrammen, die das DATEV-Format unterstützen, wie z.B. Addison.

DATEV-SCHNITTSTELLE

DATEV-SCHNITTSTELLE. Schematische Darstellung des Datenweges. Natürlich ist auch eine Übernahme von Daten vom Steuerberater mit Hilfe des DATEV-Imports möglich.

Features der Schnittstelle:

- Export von SEPA-fähigen Debitoren- und Kreditorenstammdaten und Sachkontobeschriftungen

- Export aller Buchungen als Nettobeträge mit daraus resultierenden Steuerbeträgen oder als Bruttobeträge, die die Steuerbeträge enthalten (Netto-/Brutto-Methode)

- Import der Buchungsdaten aus DATEV LODAS

- Übertragung in jeden und aus jedem DATEV-Sachkontenrahmen

- Erstellung von Übersichten über alle Ex- und Importläufe

- Erstellung einer Übersicht der zuletzt ex- und importierten Bewegungen

- Erstellung eines Protokolls des letzten Laufes

- Möglichkeit zur Annullierung und Wiederholung von Datentransfers

- Einfache Konfiguration durch Parametersteuerung

- Übertragung von Debitoren- und Kreditorenposten in Fremdwährung möglich

- Prüfung der in Dynamics NAV enthaltenen Daten auf formale Verträglichkeit mit der DATEV

Funktionsbeschreibung der Schnittstelle:

Die DATEV-Schnittstelle bietet die Möglichkeit, Sachkonten-, Debitoren-, Kreditorenstammdaten und Buchungen aus Dynamics NAV an die DATEV zu übermitteln und von dieser zu übernehmen. Dabei verwendet sie im Wesentlichen die folgenden Informationen:

DATEV-SCHNITTSTELLE

Sachkonten

- Sachkontobeschriftung
- Sachkontonummer
- Sachkontobeschreibung

Debitoren-/Kreditorenstamm

- Debitoren-/Kreditorennummer
- Name, Adresse, Postleitzahl, Ort, Telefon, Telefax
- Bis zu 5 Bankverbindungen mit IBAN und SWIFT
- Rechnungsfälligkeit in Tagen
- Umsatzsteuer-Identifikationsnummer und EU-Land
- E-Mail, Homepage, Kreditlimit, Zahlungsbedingungen
- Debitorenskonto, Kreditorenziel und -skonto

Buchungen

- Nettobetrag, Gegenkontonummer, Rechnungsnummer
- Fälligkeitsdatum, Buchungsdatum
- Kontonummer, Kostenstellencode, Kostenträgercode
- Buchungstext, Währungskennung, Zusatzinformationen
- Fremdwährungsbetrag mit Währungskurs

Zur Konfiguration des Kontenplans und der Debitoren-/Kreditorenstammdaten in Dynamics NAV enthält die Schnittstelle einfach zu bedienende Assistenten.

Sie möchten gerne mehr über diese – von Microsoft und DATEV zertifizierte – Schnittstelle erfahren? Dann wenden Sie sich bitte direkt an den Hersteller, die SIEVERS-GROUP, unter:

Telefon: +49 (0) 541/9493-0 | Telefax: +49 (0) 541/9493-218

oder E-Mail: sales-bs@sievers-group.com [27]

---

[27] Weitere Informationen finden Sie unter: www.sievers-group.com

Professionelle Schulungen

Seit 1999 bietet die get&use Academy GmbH in Nürnberg und Hamburg professionelle Schulungen zu Microsoft Dynamics NAV an.

Auf einen Blick:

- Entdecken Sie das umfangreiche NAV-Schulungsportfolio für Ihren Erfolg.
- Lernen Sie von erfahrenen Trainern aus dem NAV-Projektgeschäft.
- Bringen Sie praktisches Wissen, das Sie direkt umsetzen können, zurück in Ihr Unternehmen.
- Trainingscenter in Nürnberg und Hamburg.
- Individuelle Inhouse Schulungen für größere Gruppen.
- „So wenig Theorie wie nötig, so viel Praxis wie möglich."

Die get&use Academy trainiert Anwender und Microsoft Partner in der Nutzung und Entwicklung von Microsoft Dynamics Business Lösungen. Als Microsoft Learning Partner ist die get&use Academy frühzeitig über Neuerungen informiert und kann Trainings regelmäßig auf neue Versionen und Veränderungen in der Praxis ausrichten.

get&use Schulungen konzentrieren sich auf Inhalte, die auf die aktuellen Anforderungen der Praxis ausgerichtet sind und neue Möglichkeiten in der Software aufzeigen. Alle get&use Trainer sind von Microsoft zertifiziert (MCT) und nebenbei in Projekten tätig. Sie unterrichten mit viel Erfahrung in ihren jeweiligen Fachbereichen. Davon profitieren die Teilnehmer nicht nur in der reinen Wissensvermittlung, sondern auch in weiterführenden Diskussionen – frei nach dem Motto „So wenig Theorie wie nötig, so viel Praxis wie möglich". Die einzigartige Lernatmosphäre in den beiden Trainingscentern in Nürnberg und Hamburg ermöglicht es, Wissen aufzunehmen, Erlerntes umzusetzen und sich ganz auf das Training zu konzentrieren. Neben modernster Technik und ansprechenden Räumlichkeiten werden für die Schulungsteilnehmer die Pausenverpflegung und alle nötigen Schulungsunterlagen gestellt.

Das Schulungsangebot gliedert sich in drei Phasen: Basisausbildung, Fachausbildung und Spezialausbildung.

Die Basisausbildung macht Sie mit den Grundlagen vertraut - sowohl in der Bedienung als auch in den Anwendungsbereichen - und ist damit der ideale Einstieg in NAV und die Basis für alle weiteren Schulungen und Fachgebiete.

In der Fachausbildung unterscheiden wir zwischen den Bereichen Finanzen, Supply Chain Management (SCM), Produktion, Customer Relationship Management (CRM), Technik und Entwicklung. Die Bereiche sind nach Themengebieten unterteilt und können somit für Anwender und Entwickler bedarfsgerecht und als individuelle Ausbildungspfade gebucht werden.

PROFESSIONELLE SCHULUNGEN

Die Spezialausbildung bietet Ihnen zusätzliche Schulungen, um Ihre Möglichkeiten in NAV zu erweitern. Darunter zum Beispiel der Workshop zu Power BI oder What's New-Kurse zu den jeweils neu erscheinenden Versionen von Microsoft Dynamics NAV.

Vorteile für Teilnehmer und Unternehmen:

- Individuelle Übungen geben den Raum, Gelerntes praktisch anzuwenden und daraus entstehende Fragen gleich zu klären.

- Im persönlichen Austausch mit Trainern und anderen Teilnehmern können Themen diskutiert und vertieft werden. So wird das neue Wissen gefestigt und angewandt.

- Die persönliche Motivation durch die Trainer unterstützt jeden Teilnehmer auf individuelle Art und Weise und fördert die Gruppendynamik beim Lernen.

- Die professionelle Lernatmosphäre mit regelmäßigen Pausen gewährleistet auch bei mehrtägigen Schulungen nachhaltiges Lernen ohne Ablenkung.

- Klare Seminarinhalte und Kursziele ermöglichen den Unternehmen eine kalkulierbare Mitarbeiterqualifikation - zielorientiert sowie zeitlich und finanziell planbar.

Es gibt für jede Situation und jeden Erfahrungsgrad eine Schulung, die Sie da abholt, wo Sie gerade stehen. Sie können sich gerne an uns wenden:

Tel.: +49 911 277864-0

E-Mail: info@getanduse.academy

Schulungen können außerdem auch über unsere Internetseite ganz einfach gebucht werden: https://getanduse.academy/Schulungen .

Reporting in NAV

Mit Standard RDLC Reporting hat die Firma Qucamba GmbH ein Reporting Tool für Microsoft NAV geschaffen, das Seinesgleichen sucht. Qucamba ist Hersteller des derzeit leistungsfähigsten Tools zum Erstellen und Stylen von Standard-RDLC-Berichten für Dynamics NAV. Nachweislich lassen sich durch Einsatz von Qucamba Reports Entwicklungskosten für Berichte um bis zu 90% reduzieren.

Der Nutzen von Qucamba Reports lässt sich trefflich mit der Äußerung eines Kunden zusammenfassen: „Standard-RDLC-Berichterstellung in Microsoft® Dynamics ™ NAV ist mit Qucamba Reports einfach geworden und macht auch endlich wieder Spaß!"

Das Tool ermöglicht es, neue Berichte zu erstellen, in einem Rutsch viele Berichte umzugestalten, sowie Änderungen im Layout bereits während des Design-Prozesses sofort im Preview nachzuverfolgen. Das spart verglichen mit herkömmlichen Methoden erheblich Zeit, erhöht die Produktivität massiv und reduziert Entwicklungskosten für das Reporting drastisch.

Ein wesentliches Merkmal von Qucamba Reports ist, dass es zu 100% auf RDLC basiert, also der Technologie, die Microsoft auch selber für die Dynamics NAV-Berichte verwendet und empfiehlt. Das bedeutet, die Microsoft Guidelines für Dynamics NAV werden strengstens eingehalten und mit keiner weiteren Technik oder einer Abhängigkeit von weiteren Produkten vermischt. Zudem arbeitet das Tool komplett ohne Laufzeitlizenzen und ist selbst bei der Ausführung der Berichte frei von jeglichen Abhängigkeiten gegenüber Drittprodukten.

Damit lassen sich nicht nur Lizenzkosten reduzieren. Noch bedeutender dürfte sein, dass damit eine Sicherheit geschaffen wird, die erzeugten Berichte auch in der nächsten Version weiter nutzen zu können.

Qucamba Reports besteht aus den folgenden drei Modulen:

1. Qucamba Reports CREATOR

Mit dem Qucamba Reports Creator können in wenigen Minuten eigene Standard RDLC Reports gestaltet werden. Verschiedene Assistenten führen Sie durch das Erstellen einfacher oder komplexer Berichte bis hin zu Belegen wie z.B. Angeboten, Auftragsbestätigungen oder Rechnungen. Alle erstellten Berichte basieren auf anpassbaren Vorlagen.

2. Qucamba Reports STYLER

Der Styler ermöglicht es, einen oder mehrere Berichte in einem Rutsch zu gestalten. Verschiedene Stile ermöglichen es Ihnen, Farben, Schriftarten, Metriken usw. zu ändern. Sogar ein vollautomatisiertes Hinzufügen von Zwischensummen und Überträgen ist möglich.

3. Qucamba Reports PREVIEW

Der Preview stellt RDLC Layout-Änderungen in Echtzeit dar. Zusammen mit dem STYLER können alle verfügbaren Stile sofort angewandt werden während ein Layout noch in Bearbeitung ist. Das Preview Modul ist derzeit kostenfrei auf der Internetseite erhältlich.

Der Hersteller bietet auf seiner Website eine Vielzahl von Videos, die den Umgang mit diesem leistungsfähigen Werkzeug auf einfache Weise beschreiben und dem Anwender einen schnellen Einstieg ermöglichen.

Um noch tiefer in die Materie einzusteigen, ist eine zweitägige Qucamba Reports-Schulung verfügbar. Zudem können Bücherwürmer das Buch zu Qucamba Reports auf Amazon erwerben.

Kontaktinformation: E-Mail: info@qucamba.com

Weitere Infos auf der Website: www.qucamba.com

Kapitel 13

Fragen und Aufgaben

In diesem Kapitel finden Sie Fragen und praktische Übungen zur Vertiefung.

Ich habe im Folgenden noch einige Fragen und Übungsaufgaben für Sie zusammengestellt.

Lernzielkontrolle

☺ Testen Sie Ihr Wissen

1) Wie können Sie in Microsoft Dynamics NAV einen einzelnen Mandanten sichern?

2) Welche einzelnen Schritte sind erforderlich, um ein RapidStart Paket in einen neuen Mandanten einzulesen?

3) Was ist ein Mandant?

4) Was ist der Unterschied zwischen einem RapidStart Paket und einem Excel Export aus Microsoft Dynamics NAV?

5) Warum sollten Sie einen Datenimport immer nur auf die unbedingt erforderlichen Felder beschränken?

6) Was ist der Unterschied zwischen einer OP-Liste und einer Saldenliste?

7) Wie setzen Sie in einem Konfigrationspaket einen Filter?

FRAGEN UND AUFGABEN

Praktische Übungen

Tastaturübungen

1) Erstellen Sie eine Datensicherung.

2) Wechseln Sie in den Mandanten Cronus AG.

3) Erstellen Sie ein Konfigurationspaket für die Zahlungsbedingungen.

4) Exportieren Sie die Zahlungsbedingungen nach Excel.

5) Vergleichen Sie die Werte mit denen in Ihrer Firma.

6) Erläutern Sie mit eigenen Worten, wie Sie ein neues Konfigurationspakt erstellen.

7) Legen Sie einen neuen Mandanten an.

8) Exportieren Sie in der Cronus AG den Kontenplan.

9) Importieren Sie den Kontenplan aus der Cronus AG in Ihren neuen Mandanten.

STICHWORTVERZEICHNIS

A

Arbeitsdatum 9
Artikel 82
Azure 6

B

Buchbalttzeile 105
Buchblatt 103, 104
Buchhaltungsperioden 63

D

DACH 28
Datensicherung 121
Datenvorschau 89
DATEV 128
Default 82
Dimensionswerte 57
Drucker 14

E

Einheit 78
Export 35

F

Fehler 49
Fehlermeldung 48
Firma 15
Fixierung 40, 41
Fremddaten 85

G

Grunddaten 16

H

Hilfe 13

I

Import 20, 21, 48, 75
Installation 7

K

Konfigurationspakete 18, 80
Konfigurationsvorlagen 18
Kontenplan 17
Korrektur 51
Kurzbefehle 13

L

Lagerort 58

M

Mandant 9
Mandantensicherung 121
Menüband 11, 119
Musterartikel 75

N

Navigation 8
Navigationsbereich 10, 11
neue Firma 15
Neuerungen 6
Nummernserie 77

P

Paket 31
Paket importieren 18
Paketkarte 31
Produktbuchungsgruppe 79, 90

R

RapidStart 18
Report 130
Rolle 8

S

Schnelländerung 65
Schulungen 129
Sprache 10
Sprach-ID 31, 66

T

Tabelle 24
Tabellenfelder 26
Tabellennummer 32

Glossar

API: **A**pplication **P**rogramming **I**nterface, Programmierschnittstelle. Eine Programmierschnittstelle, genauer Schnittstelle zur Anwendungsprogrammierung, häufig nur kurz **API** genannt (englisch **a**pplication **p**rogramming **i**nterface, wörtlich ‚Anwendungs-Programmier-Schnittstelle'), ist ein Programmteil, der von einem Softwaresystem anderen Programmen zur Anbindung an das System zur Verfügung gestellt wird (Quelle: www.wikipedia.de).

Cloud: Cloud Computing (deutsch Rechnerwolke oder Datenwolke) beschreibt die Bereitstellung von IT-Infrastruktur, wie z.B. Speicherplatz, Rechenleistung oder Anwendungssoftware als Dienstleistung über das Internet.
Technischer formuliert umschreibt das Cloud Computing den Ansatz, IT-Infrastrukturen über ein Rechnernetz zur Verfügung zu stellen, ohne dass diese auf dem lokalen Rechner installiert sein müssen.
Angebot und Nutzung dieser Dienstleistungen erfolgen dabei ausschließlich durch technische Schnittstellen und Protokolle, etwa mittels eines Webbrowsers. Die Spannweite der im Rahmen des Cloud Computings angebotenen Dienstleistungen umfasst das gesamte Spektrum der Informationstechnik und beinhaltet unter anderem Infrastruktur, Plattformen und Software. (Quelle: www.wikipedia.de)

Codeunit: Eine kleine Programmierung, die an einer bestimmten Stelle, einem so genannten Einsprungpunkt, ins Programm eingebunden werden kann. Mit Hilfe einer Codeunit kann der Entwickler zusätzliche Funktionen oder Regeln in den Programmablauf einbinden.

DMS: Das Dokumenten-Management-System ist ein System zur elektronischen Verwaltung von Dokumenten jeglicher Art, das zunehmend die Papier gebundene Verwaltung und Archivierung von Dokumenten ablöst.

Elektronische Signatur: Unter einer elektronischen Signatur versteht man mit elektronischen Informationen verknüpfte Daten, mit denen man den Unterzeichner bzw. Signaturersteller identifizieren und die Integrität der signierten elektronischen Informationen prüfen kann. In der Regel handelt es sich bei den elektronischen Informationen um elektronische Dokumente. Die elektronische Signatur erfüllt somit technisch gesehen den gleichen Zweck wie eine eigenhändige Unterschrift auf Papierdokumenten. (Quelle: www.wikipedia.de)

FTP: Das **File Transfer Protocol** (engl. für „Dateiübertragungsverfahren", kurz *FTP*), ist ein Netzwerkprotokoll zur Übertragung von Dateien über IP-Netzwerke. Es wird benutzt, um Dateien vom Server zum Client (Herunterladen), vom Client zum Server (Hochladen) oder clientgesteuert zwischen zwei Endgeräten zu übertragen. Außerdem können mit FTP Verzeichnisse angelegt und ausgelesen sowie Verzeichnisse und Dateien umbenannt oder gelöscht werden.

Microsoft SQL-Server. Der **Microsoft SQL Server** ist ein relationales Datenbankmanagementsystem von Microsoft, ursprünglich entstanden aus einer Kooperation der Firmen Microsoft und Sybase.

NAS: Network Attached Storage (NAS) bezeichnet einfach zu verwaltende Dateiserver. Allgemein wird NAS eingesetzt, um ohne hohen Aufwand unabhängige Speicherkapazität in einem Rechnernetz bereitzustellen.

PDF: Portable **D**ocument **F**ormat (auf Deutsch: (trans)portables Dokumentenformat) ist ein plattformunabhängiges Dateiformat für Dokumente, das von der Firma Adobe Systems entwickelt und 1993 veröffentlicht wurde.

RapidStart Paket: Ein in Microsoft Dynamics NAV erstelltes Paket von Tabellen inkl. der aktuell vorhandenen Datensätze zum Export oder Import von Daten in oder aus eine(r) Microsoft Dynamics NAV Datenbank.

RTC: Role **T**ailored **C**lient. Hierbei handelt es ich um einen Rollen basierten Client, der auf die Erfordernisse des jeweiligen Benutzers zugeschnitten ist. Dabei orientiert sich das Profil an der Aufgabe (der Rolle) die dem Benutzer zugeordnet wird. Beispiele dafür: Einkäufer, Personalsachbearbeiter, Buchhalter…

Snipping Tool: Zubehör von Microsoft Windows zum Erstellen von Screenshots.

URL: Ein **U**niform **R**esource **L**ocator (Abk. **URL**; englisch für einheitlicher Ressourcenzeiger) identifiziert und lokalisiert eine Ressource, beispielsweise eine Webseite über die zu verwendende Zugriffsmethode (zum Beispiel das verwendete Netzwerkprotokoll wie HTTP oder FTP) und den Ort (engl. location) der Ressource in Computernetzwerken. (Quelle: www.wikipedia.de)

GLOSSAR

Nachwort

Ich habe diese Seminarunterlagen mit sehr viel Freude und Sorgfalt erstellt. Sollten sich Fehler eingeschlichen haben, so freue ich mich über Ihre Hinweise unter:

jm@newearthpublishing.de

Selbstverständlich freue ich mich über Lob, Anregungen, Wünsche und Kritik. Ich werde Ihre Wünsche und Anregungen dann, soweit möglich, in der nächsten überarbeiteten Auflage umsetzen.

Folgende Titel gibt es für Microsoft Dynamics NAV 2018:

Microsoft NAV 2018 Financials
ISBN 978-3-945827-53-6

Alternativ können Sie unsere aktuellen Schulungsunterlagen auch als E-Book (PDF) bestellen.

Alle Titel können direkt beim Verlag per Mail an nep@newearthpublishing.de oder bei Amazon bestellt werden.

Kopierlizenzen für Fachhändler, Bildungsträger, Dozenten und Schulen gibt es nur direkt über den Verlag. Ihre Anfragen und Bestellungen schicken Sie bitte per Mail an nep@newearthpublishing.de .

Weitere Titel:

Lexware 2018 buchhalter pro
ISBN 978-3-945827-47-5

Lexware 2018 warenwirtschaft pro
ISBN 978-3-945827-49-9

Lexware 2018 lohn+gehalt pro
ISBN 978-3-945827-51-2

DATEV-Schnittstelle
ISBN 978-3-945827-08-6

Der DATEV Im- und Export am praktischen Beispiel. Der Datenaustausch wird an Beispielen aus Lexware pro und TOPIX8 gezeigt. Dabei gehe ich insbesondere auf die Neuerungen mit dem zum Jahreswechsel von DATEV eingeführten CSV-Format ein.

In Planung:

Augen auf beim Softwarekauf
ISBN 978-3-945827-58-1

SCHUFA – Fluch oder Segen?
ISBN 978-3-945827-06-2
I.N. Kognito

Eine spannende Reise in die Welt der SCHUFA.

Bestellbar bei Amazon, im Buchhandel und bei vielen E-Book Händlern.

Wenn Sie schon immer wissen wollten: Was weiß die Schufa über mich?

get&use academy

Microsoft Learning Partner seit 1999

Schulungen für Microsoft Dynamics NAV

Erfahrene Trainer aus dem NAV Projektgeschäft
& Microsoft Certified (MCT)

Umfangreiches Schulungsportfolio

„So wenig Theorie wie nötig, so viel Praxis wie möglich."

www.getanduse.academy

Erzählt man Ihnen auch, RDLC-Berichte seien schwierig zu erstellen und anzupassen?

Das ist eine längst überholte Ansicht.
Denn mit Qucamba Reports geht RDLC-Berichtsdesign heute endlich einfach.

✓ RDLC-Berichte lassen sich mit Hilfe von Assistenten in wenigen Minuten erstellen

✓ Automatisierte Layout-Änderungen auf einem oder auch dutzenden von Berichten

✓ Sofortige Vorschau von Layout-Änderungen direkt in Qucamba Reports

- Keine Laufzeitlizenzen erforderlich

- 100% Dynamics NAV-Standard konform

- Keine Abhängigkeit von weiteren Produkten oder Servern

www.qucamba.com

qucamba®

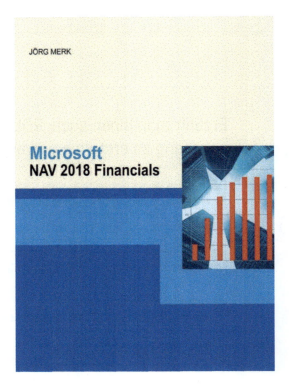

Microsoft Dynamics NAV 2018 Financials

ISBN 978-3-945827-53-6

Lieferbar als Paperback, eBook und/oder Kopierlizenz. Weitere Informationen finden Sie unter www.schulbuch.website